© Círculo de Tiza
© Del texto: Ana Iris Simón
© De la fotografía: Domingo Pueblas
© De la ilustración: Carolina Petri Simón

Prólogo: Pablo Und Destruktion

Primera edición: octubre 2020
Duodécima edición: julio 2021
Diseño de cubierta: Miguel Sánchez Lindo
Maquetación: María Torre Sarmiento
Corrección: María Campos Galindo
Impreso en España por Kadmos, S.C.L.

ISBN: 978-84-122267-2-0
Depósito legal: M-25.986-2020

Reservados todos los derechos. No está permitida la reproducción total ni parcial de esta obra ni su almacenamiento, tratamiento o transmisión de ninguna manera ni por ningún modo, ya sea electrónico, óptico, de grabación o fotocopia sin autorización previa por escrito de la sociedad.

FERIA

Ana Iris Simón

A Mari Cruz, a María Solo y a todo lo que engendraron

Mientras quede un olivo en el olivar.
Y una vela latina en el mar.
El último de la fila, «Mar Antiguo»

Y hay un niño que pierden / todos los poetas /
Y una caja de música / sobre la brisa.
Federico García Lorca, «Poema de la feria»

Índice

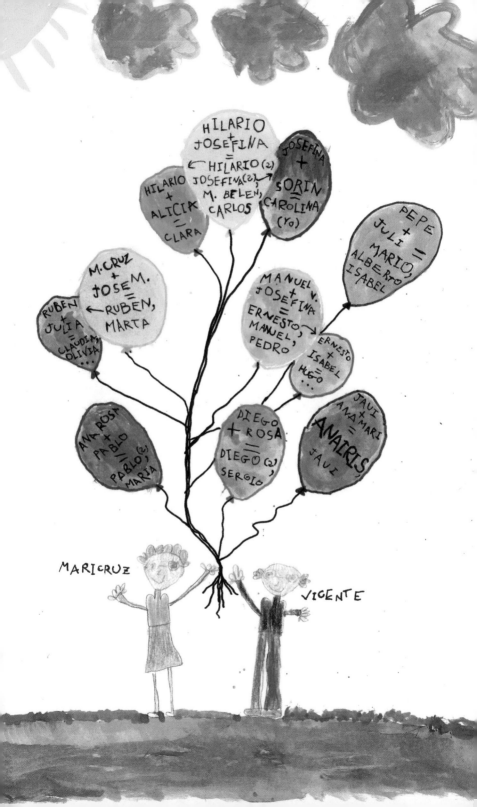

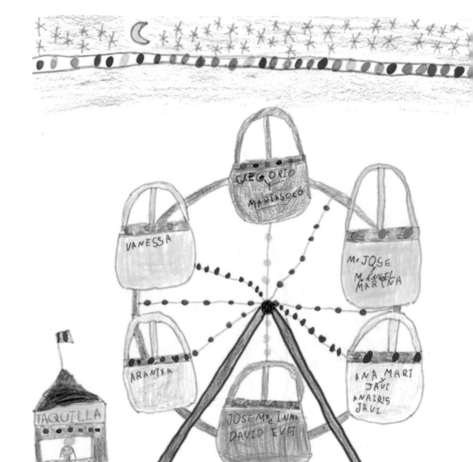

¡Feriante tenía que ser!

Conocí a Ana Iris gracias al Wifi Divino, *aka* Divina Providencia, que a su vez me puso en contacto con varios de sus amigos y con su vida, obra y milagros. El Wifi Divino (en adelante WD) suele llevarte a descampados, a cuartas plantas de hospitales, a la antigua casa de tus abuelos, a tu novia, a tu niñez O a un puesto de feriantes en algún lugar de La Mancha. He aquí la cuestión. Esos hilitos invisibles que tejen las relaciones afectivas son lo más guapo que parió madre, te acercan a unas personas, te alejan de otras y, en mágicas ocasiones, te alejan y te acercan al mismo tiempo, como un tiovivo furibundo. No sé a ustedes, pero a mí eso me chifla.

Este libro que tienen entre sus manos habla de estas cuestiones y lo hace con la claridad y firmeza de un infante o de una entidad natural: «familia, municipio y sindicato». Siguiendo los hilitos de oro del WD (dije que lo iba a hacer), Ana Iris nos pone delante de nuestras narices a los padres, las madres, las muertes y los nacimientos, grandezas de la existencia que muchas veces perdemos de vista, seducidos por la brujería de turno, un lamparón en nuestra camisa o por la interesantísima programación de *interné*.

Pues qué guapo todo, dirán ustedes. Pues sí, les digo yo. Y no por ello ramplón, no se equivoquen. Acercarse de manera desprejuiciada a las personas, asumiendo la grandeza de un camionero, de su casete de Los Chichos y de los melones que lleva en su carga, permite acceder a la síntesis dialéctica, a la alquimia espiritual y al asombroso matrimonio del cielo y el infierno. Y el que no se lo crea, él sabrá. Yo ahí no me meto.

Ana Iris nos muestra cuáles son las cosas importantes, y cómo por medio de su contemplación uno puede aprender latín, química inorgánica, religiones del mundo y admitir que los hijos de los ateos quieren hacer la comunión y los nietos de los rojos duermen abajo y arriba España. Y que no confunda esto, que ya estamos «mayorinos».

En este libro hay un respeto devocional por los currantes, la justicia y la nobleza manchega equiparable a la baturra, aunque más *underground*. Lo que no hay es paciencia para con las monsergas y los fariseísmos, más que nada por su inútil empeño en dar la tabarra a las nuevas generaciones para que se comporten. Gracias a Dios, no lo harán. Se quedarán con lo bueno, así reza este libro. Y así rezo yo con él. Se quedarán con el amor. El amor a un hermano, a una amiga, al PCE, a un feto metido en un bote, a un oficio, a un país y a todo lo que se ponga por delante.

La delicada mirada desde la que se narran los distintos acontecimientos de este libro demuestra que la autora ha adquirido uno de los grandes premios más deseables para cualquier persona, y cuasi exigible para un desbrozador de mitos: la capacidad de bendecir.

¡Qué alegría, qué alboroto; feriante tenía que ser!

Pablo Und Destruktion
Septiembre de 2020

El fin de la excepcionalidad

Me da envidia la vida que tenían mis padres a mi edad

Me da envidia la vida que tenían mis padres a mi edad. Cuando lo digo en alto siempre hay quien pone cara de extrañeza y me responde cosas como que a mi edad mis padres habían viajado la mitad que yo o que a ellos envidia ninguna, que tienen que hacer muchas cosas «antes de asentarse». Que ahora somos más libres y que nuestros padres no pudieron estudiar dos carreras y un máster en inglés ni se pegaron un año comiendo Doritos y copulando desordenadamente en Bruselas gracias a eso que llaman Erasmus y que no es sino una estrategia de unión dinástica del siglo XXI, una subvención para que las clases medias europeas se crucen entre ellas y pillen ETS europeas y celebren que eso era Europa y eso era la europeidad y que para eso hemos quedado los nietos de Homero y Platón.

El caso es que con mi edad mis padres tenían una cría de siete años y un adosado en Ontígola, provincia de Toledo. La Ana Mari acababa de dejar de fumar y con el dinero que se ahorró en tabaco se compró la Thermomix y eso a mí me da envidia, y cuando lo digo la gente piensa con frecuencia que soy gilipollas y en respuesta lo que pienso yo es «tienes treinta y dos, cobras mil euros al mes, compartes piso y las muchas cosas que tienes que hacer "antes de asentarte" son ahorrar durante un año para irte a Tailandia diez días aunque en la vida te hayas interesado por qué pasa o qué hay en Tailandia, comerte una pastilla y hacerle arrumacos a tus colegas en festivales en los que no conoces ni a medio cartel pero tienes que fingir que sí y creer que las series que eliges ver y los libros de Blackie que eliges leer forman parte de tu identidad como individuo». Esto no lo digo, claro, esto me lo callo.

Lo que sí digo es que nuestros padres parecían mayores de lo que eran en las fotos y mayores que nosotros a su edad. Hay mucho treintañero convencido de que es lícito llevar gorra en interior, de que es lícito, incluso, llevar gorra con treinta, poniéndome ya rigorista. También digo que seguramente nuestros padres se casaron y tuvieron hijos y se metieron en hipotecas por eso que se ha convenido en llamar «imperativo social», porque «era lo que había que hacer», pero que creer que sobre nuestras cabezas no sobrevuelan otros imperativos igual es la mayor prueba de que lo hacen y de que quizá nos hemos creído lo de la libre elección y lo del progreso y lo de la democracia liberal como única arcadia posible. Y menuda arcadia.

Nos lo llevan diciendo diez años y nos negamos a creerlo. Somos la primera generación que vive peor que sus padres, somos los que se comieron 2008 saliendo de o entrando a la universidad o al grado o al instituto y lo del coronavirus cuando empezábamos a plantearnos que igual en unos años podríamos incluso alquilar un piso para nosotros solos.

Nuestros imperativos existen y son materiales y a menudo hablo con mi amiga Cynthia de que para mí o para ella o para nuestra amiga Tamara era sencillo lo del ascensor social, era fácil superar el estilo de vida de nuestros padres carteros y camareros y limpiadoras y barrenderos y de nuestros abuelos obreros industriales o campesinos o feriantes, pero no es así para el resto de nuestros amigos, para los de clase media, para los hijos de profesores y médicos y abogados y empresarios. Y, aun así, aunque nuestros padres tenían menos papeles académicos que un galgo, sí que tenían, con nuestra edad, hijos e hipotecas y pisos en propiedad. Porque era lo que había que hacer, seguramente. Pero también porque podían hacerlo.

Nosotros, sin embargo, ni tenemos hijos ni casa ni coche. En propiedad no tenemos nada más que un iPhone y una estantería del Ikea de treinta euros porque no podemos tener más y ese es nuestro imperativo y es material. Pero nos autoconvencemos pensando que la libertad era prescindir de críos y casa y coche porque «quién sabe dónde estaré mañana». Nos han hecho creer que saber dónde estaremos mañana es una imposición con la que menos mal que hemos roto, que la emigración y la inmigración son oportunidades para aprender nuevas culturas y para convertir el mundo en un crisol de lenguas y colores en lugar de una putada, y que compartir piso es una experiencia de vida en lugar de, llegada una edad, un detalle denigrante que da vergüenza confesar.

Una noche estábamos en casa, en nuestro piso compartido en el centro de Madrid, y Jaime, que es mi amigo desde los trece y que vivió conmigo unos meses antes de conocer a su novia Patricia e irse a vivir con ella, me lo rebatió y me dijo que no, que nuestro imperativo no es material, o no del todo. Me decía, mientras enchufaba la Play para echarse unos Fortnites, que sus padres a nuestra edad ya los tenían a él y a su hermano Guillermo, sí, pero que tenían también menos dinero y aun así se la jugaron y lo que decía Jaime era verdad. Es uno de los amigos con los que más me gusta hablar porque lo hace desde la experiencia, no le hacen falta conocimientos librescos ni grandes teorías ni autores a los que referenciar y suele tener, la mayoría de las veces, más razón que quien echa mano de ellos, porque solo habla de lo que ve y lo que vive.

Y aquella noche, la noche en que me dijo que no, que nuestro imperativo no era solo material, que no teníamos hijos porque no queríamos, tenía razón. Jaime gana más de lo que ganaban sus padres a su edad. Yo tengo más dinero del que tenían mis padres con mi edad y más del que tienen mis padres ahora. Y, sin embargo, ahí estaba, a mis veintiocho y con una camiseta de propaganda de Camel que le robé a mi padre y mi pantalón de pijama que en realidad es el chándal de educación física de primero de bachillerato, sin casa y sin hijos, bebiendo agua en un bote de rosca en vez de en un vaso en un piso compartido del centro de Madrid. Ahí estaba, criticando ese vil juvenilismo que no podía encarnar ni más ni mejor.

Pocos días después le pregunté a mi padre por Whats-App si consideraba que yo vivía peor que ellos a mi edad y me respondió que no dijera gilipolleces. Después de leerlo le llamé y hablamos de la inseguridad laboral y de la creencia en el progreso y del capitalismo tardío y de que al final las cosas importantes son muy pocas hasta que me dijo que le dolía la oreja, que se la estaba poniendo a la plancha y colgamos.

Cada vez que abrimos el melón de si se vivía mejor antes o se vive mejor ahora, que no son pocas, se pone nervioso y me cuenta que él con diez años ya estaba vendimiando y me pasa como cuando me dice que cómo vamos a resignificar la bandera si a él le hacía cantar el *Cara al Sol* don Leonidio en el cole en nombre de ese trapo y le decía que su abuelo había elegido irse con los malos españoles: que eso no hay quien lo rebata. Pero tampoco puede él rebatirme cuando le digo que en el horizonte su generación atisbó que los críos no tuvieran que trabajar desde los diez años y la mía tiene lo de no ir a firmar en la vida un contrato indefinido y que por eso no tenemos críos, así que no podemos ponerlos siquiera a vendimiar.

Lo que no le digo es que hay quien sí tiene niños, hay quien sigue teniendo niños, y que lo sé porque no lo veo en mi barrio ni en mi entorno pero sí en Facebook. Hace poco vi que Armando, uno de mis compañeros del colegio, iba a tener su primer crío. Lo había anunciado con la foto de un casco muy pequeñito de Valentino Rossi porque le gustan mucho las motos desde niño y me puse muy contenta porque será un buen padre. No conozco a su novia y solo sé de su vida lo que veo en mi muro cuando me meto cada dos o tres meses, pero me imagino que llevan muchos años juntos.

Cuando íbamos al Vicente Aleixandre Armando llevaba gafas de culo de vaso y se pasaba las horas muertas dibujando dinosaurios en clase y los dibujaba muy bien. Era el niño más bueno del B junto con Pablo Sierra, que acabó estudiando Historia porque le gustaba mucho la historia. Armando, sin embargo, creo que hizo un grado medio y que siempre ha vivido en Aranjuez, o eso parece por su Facebook. Y seguramente a él no le dé envidia la vida que tenían sus padres con su edad porque la suya sea parecida.

El problema es mío, pensaba aquella noche con Jaime enchufando la Play y con mi camiseta de propaganda de Camel y mi pantalón de pijama que en realidad es el chándal de educación física de primero de bachiller. El problema es mío por haber elegido el pasaporte con unos cuantos sellos y la cuenta en Netflix y en Filmin y en HBO; el problema es mío por haber elegido la universidad antes que nada en el mundo y el centro de Madrid y las exposiciones de La Casa Encendida y las noches en el Dos de Mayo con todo lo que eso excluye, y todo lo que eso excluye es lo que realmente soy: un adosado en Ontígola, donde aún hay viejas que viven en cuevas y desde el que poder ir a comulgar haciéndole la trece catorce a don Gumersindo, los domingos en el corral subiéndonos al remolque del tractor cuando no había mayores vigilando, mi abuela María Solo amenazándome con que si no me ponía el escapulario a escondidas de mi padre me iban a aojar.

El gráfico de Nolan, ese que está tan de moda en Twitter y que te dice cuál es tu ideología según dos vectores, la opinión económica y la personal, tiene también dos vertientes, la teórica y la antropológica, pero no parecemos darnos cuenta y ese es uno de los logros del liberalismo: que sus lógicas nos han calado hasta los huesos sin que reparemos mucho en ellas. Su mayor logro, además de haberse hecho pasar por la neutralidad, por la ausencia de ideología, por lo normal y lo aséptico, ha sido hacernos olvidar que en paralelo a su modelo económico corren también unos valores. Y que parece compatible decir que uno rechaza lo primero y celebrar y vivir de acuerdo a lo segundo y que de hecho en esas estamos muchos.

El día que vi el post de Armando en Facebook y la noche en que Jaime me dijo que no teníamos hijos porque no queríamos pensé que si lo que más me gustaba era escribir sobre la familia y la costumbre quizá es que lo que me gustaba no era escribir, sino la familia y la costumbre. También que llevaba muchos años en el error y que no podía echarle la culpa a los demás, o no toda. No podía decir que me habían dado gato por liebre porque para que a uno le den gato por liebre antes tiene que quererlo.

Durante la adolescencia había escrito mucho sobre Madrid como escribimos sobre Madrid los chavales que vivimos en la periferia, como si Madrid fuera una especie de Macondo en el que no llueven ranas pero qué bien se está en Comendadoras cuando atardece. Durante la adolescencia y la primera juventud me había imaginado con treinta y pico, ya con alguna cana y un par de bebés en un piso en el centro con una terraza y costillas de Adán y troncos de Brasil y muchos libros de Taschen en el salón. Durante la adolescencia y la primera juventud había desdeñado a los que se quedaban en Aranjuez porque menudos paletos, quedarse en un sitio tan pequeño y con tan poco que ofrecer. Pero la paleta y la que tenía poco que ofrecer era yo, y pequeñas mi alma y mis miras.

Yo que había decidido vivir en un parque temático, yo que había creído que trabajar de lo mío desde los veintipocos aunque fuera por mil euros y mucha incertidumbre era un triunfo, yo que siempre había pensado que tener hijos joven era de pobres porque mis padres lo eran y que no plantearse siquiera hacerlo con menos de treinta era sinónimo de que algo había evolucionado cuando es justo al revés. Yo, que tenía que hacer no muchas pero sí algunas cosas «antes de asentarme» y que ahora cuando me dicen eso respondo que a mí ya no me quedan cosas y que, es más, esas cosas nunca existieron. Que eran vacío y polvo y nada y que no muerto sino asesinado Dios, es el ocio el que es el opio del pueblo y que lo que me pasa es que me da envidia la vida que tenían mis padres con mi edad y me da envidia porque cuando la Ana Mari tenía mi edad tenía un trabajo fijo, el mismo que tiene a día de hoy, más de veinte años después, y eso que le daba la mitad de importancia que yo al trabajo o se la daba de otra forma.

La Ana Mari con mi edad tenía una hija de siete años (yo), una Thermomix que se había comprado con los ahorros de dejar de fumar y una hipoteca. Y seguramente tenía también una idea muy clara y una confianza casi ciega en eso a lo que ella misma se refiere ahora como engañoso, e igual ahí está la clave. Igual me da envidia la vida que tenían mis padres con mi edad porque a veces, sin casa y sin hijos en nombre de no sé muy bien qué pero también como consecuencia de no tener en el horizonte mucho más que incertidumbre, daría mi minúsculo reino, mi estantería del Ikea y mi móvil, por una definición concisa, concreta y realista de eso que llamaban, de eso que llaman progreso.

Aramís, ¿me das un beso?

Hacía mucho calor y había ya muchas moscas cuando mi tía Ana Rosa nos mandó a mis primos Pablo y María y a mí a la panadería del Orejón. Yo llevaba una camiseta que decía «Mis abuelos, que me quieren mucho, me han traído esta camiseta de Vigo» que me habían comprado mi abuela Mari Cruz y mi abuelo Vicente en un viaje del IMSERSO y María llevaba un vestido de flecos de algodón con un perro estampado al que le faltaban algunos trozos de tanto lavarlo. Teníamos que comprar las barras para los bocatas de tortilla y yo marchaba con actitud de sargento, como orgullosa jefa de tropa, porque Pablo tenía seis años y María cinco, pero yo tenía ocho. El cierre estaba aún echado porque era muy temprano, así que llamamos al timbre. Nos abrió el Orejón y durante los primeros segundos y hasta que alcé la cabeza para mirarle a la cara y explicarle que veníamos a por el pan lo que vi fue una panza peluda y con el ombligo hacia fuera. Nos hizo pasar al despacho de pan, que olía a harina y a horno y tenía aún poca luz y nos dio las barras. En cuanto la puerta se cerró a su espalda comentamos lo de su ombligo en bajito, porque los tres, que le quedábamos a la altura del estómago, nos habíamos dado cuenta, y echamos a correr hasta que llegamos a casa de mis abuelos, que también era la casa de Pablo y María y de mi tía Ana Rosa. Bajamos la calle el Cristo saltando y chillando que el Orejón tenía el ombligo de fuera, que qué de fuera tenía el ombligo el Orejón. Pablo también sabía sacárselo y cuando lo hacía lo llamábamos la boca de marciano y si la Ana Rosa lo pillaba haciéndolo le regañaba y si nos pillaba pidiéndole que lo hiciera a mi prima Marta o a mí, que éramos mayores que él, nos regañaba a nosotras y nos decía mangoneantas. Cuando llegamos a casa le contamos lo del Orejón los tres a coro, muy excitados, mientras le dábamos las barras y nos respondió que no fuéramos sisones, que tiráramos a hacer las mochilas que la Juli y Pepe estaban al llegar.

Pepe era otro de mis tíos, de los hermanos de mi padre, y la Juli era su mujer y nos íbamos al Aquopolis de Villanueva de la Cañada con sus hijos, otros de nuestros primos. Mis padres se habían vuelto a Ontígola y habían quedado con mis tíos en que después de echar el día en el parque acuático me dejarían allí. En el Peugeot 309 de mi tío Pablo y la Ana Rosa nos montamos, sin sillitas ni cinturones, mi primo Pablo y mi prima María, que eran sus hijos, y yo con mi primo Alberto, el mediano de Pepe y la Juli. En el Ford Orion negro de Pepe y la Juli iban mi prima Isabel, su hija, que como María tenía cinco años y a la que sus hermanos habían enseñado a recitar las vocales eructando, con su hermano Mario, que era de mis primos más mayores, y dos de sus amigos: Edu y el Repi, que tenía el pelo largo peinado con la raya en medio y que a mí se me parecía a Quimi el de *Compañeros*, pero no se lo decía. En los dos coches íbamos uno de más, así que al llegar a la autovía y ver que estaba la Guardia Civil mi tío Pablo se empezó a poner nervioso por si nos multaban y tuvimos que darnos la vuelta para ir por la nacional. No era el primer viaje que hacía siendo una de más en el coche. Con cinco años había ido desde Criptana hasta Ontígola subida en las piernas de mi tita Arantxa y agachándome cuando mi abuela María Solo me decía que me tenía que agachar, que estaba la Guardia. Con mis padres nunca lo habíamos hecho, y eso que íbamos y veníamos casi cada viernes desde Ontígola hasta Criptana para volver el domingo, primero en el Lada y después en el Clio.

La Ana Mari siempre se llevaba mucha ropa y mi padre se reía de que se llevara tanta ropa para pasar solo dos días en el pueblo. Las prendas que se arrugaban las colgaba en perchas y las perchas en los agarradores de la parte de atrás del Lada y se pasaba buena parte del viaje regañándome por tocarlas y cuando le respondía que no las estaba tocando, que era mentira porque me encantaba pasar la mano por la ropa de la Ana Mari, me decía que era una soberbia y que no contestara así. Después me ponía a mirar por ventana y jugaba a adivinar formas en las nubes porque eso era lo que hacían los niños que salían en las películas cuando viajaban en coche, mirar callados por la ventana y adivinar formas en las nubes. Pero enseguida me aburría y le decía a mi padre que cambiara de cinta, que quitara la de El Último de la Fila y me pusiera la de los Toreros Muertos, esa en la que estaba la canción que hablaba de mear.

Íbamos tanto a Criptana para ver a la familia, pero también para que la Ana Mari y mi padre, que tenían veintipocos, vieran a sus amigos, al tío Domingo y al tío Juan, que era como los llamaba, y cuando salían de fiesta con ellos me decían que se iban al entierro de Manolo Cacharro. Las primeras veces me lo creí porque cómo iba a discutir yo, que era una niña, la existencia de un entierro si ni siquiera entendía nada de la muerte, pero una noche me planté y les pregunté que cuántas veces se pensaba morir el tal Manolo Cacharro. Mi abuela María Solo, que era con quien me dejaban cuando se iban de fiesta, se rio mucho y me dijo que se iban de bureo, pero que nosotras íbamos a cenar ensaladilla rusa que había hecho y a jugar al tute, y que al día siguiente teníamos el mercadillo de Las Mesas y les tenía que ayudar a montar a mi abuelo Gregorio y a ella.

Pero el día del Aquopolis no dormí en casa de mi abuela María Solo, sino con Pablo y María, que tenían colchas de *101 dálmatas* en sus camas y a Rex, el dinosaurio de *Toy Story*. Llegamos por la nacional sin que las autoridades nos multaran y discutimos durante un rato, después de estirar las toallas, sobre si había que ir primero a las pistas blandas o al *splash*, y les conté a mis primos que en Aranjuez también había un Aquopolis solo que todo el mundo lo llamaba «la piscina del muerto» porque una vez se había muerto uno tirándose por un tobogán y no me creyeron pero era verdad.

Convinimos en que lo mejor era optar en primer lugar por las pistas blandas, porque a Isabel y a María, que eran pequeñas, las dejaban tirarse, y cuando llegamos vimos a un reportero de *Aquí hay tomate* sujetando un micrófono

y a Aramís Fuster. Estaba enfundada en un traje de baño de leopardo y lucía una coleta alta bien frondosa. Miraba a un lado y al otro mientras se sumergía por la escalera y se atusaba el pelo con gesto sensual y nosotros corrimos a las toallas para contárselo a la Juli y a la Ana Rosa y empezamos a imitarla contoneándonos. La Ana Rosa me animó a saludarla y se echó a reír, así que corrimos de nuevo a la piscina y cuando el cámara le ordenó que saliera del agua me aproximé a ella desde detrás del seto en el que estábamos, miré hacia arriba y le pregunté «Aramís, ¿me das un beso?», y me lo dio y el reportero del *Tomate* se despidió mirando a cámara y exclamando «¿Ven? ¡Hasta los niños la adoran!».

Mis primos se lo contaron a mi tía Ana Rosa y a mi tío Pablo y a mi tío Pepe y a la Juli, que se pasaron años riéndose del «Aramís, ¿me das un beso?» y cada vez que lo recordaban yo pasaba mucha vergüenza porque Aramís era una friki y me había dado un beso porque yo se lo había pedido, pero es que nunca había visto un famoso de cerca. A José Bono, Pepe desde que la Ana Mari se hizo una foto con él cuando vino a inaugurar el Ayuntamiento de Ontígola sí, pero nunca había visto un famoso de verdad de cerca.

Cuando se lo contaron a mis padres al dejarme en Ontígola, con la piel quemada y los ojos rojos, ellos también se rieron y fantasearon con la idea de denunciar a Telecinco y llevarse una pasta si sacaban mi imagen sin el dibujo que le ponían en la cara a Andreíta, la hija de Jesulín y Belén Esteban.

La Ana Mari y mi padre acababan de volver del Leclerc y me enfadé con ellos por haber ido sin mí porque me gustaba mucho ir al Leclerc. Había abierto hacía muy poco en Aranjuez y era la primera gran superficie que había visto en mi vida y era muy distinto a la Rocío, a la panadería de la Benita y a la del Orejón, cuya panza peluda y con el ombligo de fuera había sido de las primeras cosas que había visto nada más despertarme.

Mi padre era casi siempre el encargado de ir a la compra y a veces me llevaba con él al mercado de Ocaña a comprar pollo y sentía que el olor a animal muerto y a lejía y a hojas de verdura en el suelo se me quedaba pegado al cuerpo. Otras veces íbamos al Leclerc y, si había suerte, me compraba algún libro o la revista de las Witch en la sección de papelería y allí, sin embargo, no olía a nada y aquello me parecía el futuro, la modernidad y el único porvenir que merecía la pena.

En el Leclerc todo estaba bien ordenado y envasado en plásticos, no como en el mercado de Ocaña, que te daban los filetes envueltos en un papel antigrasa grisáceo en el que se leía «Gracias por su visita, vuelva usted pronto» y yo pensaba que ojalá no le hiciéramos caso, que ojalá no volviéramos pronto o que al menos el mercado de Ocaña dejara de oler a animal muerto y a lejía y a hojas de verdura en el suelo, y que a ver si instalaban ya luces LED como en el Leclerc en lugar de hacer a todo el que llegaba a cada tenderete preguntar «¿el último?».

Dentro de nada entraría el euro. Ya estábamos ensayando en el colegio con monedas y billetes de cartón y tenía muchas ganas de poder pagar las chucherías en El Duende con euros en lugar de con monedas roñosas de cinco duros que solo servían para ponérselas a la cuerda de la peonza o a los san Pancracios. El mercado de Ocaña y los euros no podían coexistir porque cuando nos los dieran iban a estar relucientes e iban a ser modernos y nosotros íbamos a serlo e íbamos a ser también Europa, pensaba, y lo escribía en mi diario. Los euros eran Leclerc, las pesetas la pollería que seguía envolviendo contramuslos en papel antigrasa color gris.

A la par que Leclerc, en Aranjuez había abierto también un chino enorme adelantado a los tiempos y en lugar de «Todo a 100» había colgado un luminoso en el que ya se leía «Todo a 0,60 y 1 euro». Lo contó Rubén en clase de matemáticas mientras hacíamos como que dábamos cambio para ensayar con los euros de cartón. Yo no lo había visto aún, porque cuando necesitábamos gomas del pelo o un colador o un mortero seguíamos yendo al Abanico o al Don Pimpón Chollo y yo no entendía por qué seguíamos yendo al Abanico o al Don Pimpón Chollo, de la misma manera que no entendía por qué íbamos a veces al mercado de Ocaña y no al Leclerc.

Recordaba haber oído a mi abuela María Solo quejándose de los chinos antes de morirse. No de ellos, sino de sus establecimientos, que empezaban a crecer como setas, pero también la recordaba quejándose de los centros comerciales y del Indiana Bill, que era una piscina de bolas que había en Aranjuez, y de los Pizza Hut, «porque antes el único sitio donde podías comprar juguetes o montarte a los caballitos o comerte una hamburguesa era la feria y ahora mira». «Ahora mira» significaba que las ferias habían dejado de tener sentido porque la vida, el mundo, nuestra propia existencia se había convertido en una.

A esas quejas nunca le respondí porque nunca habría sido capaz de contradecir a mi abuela María Solo, pero en mi diario escribí que a mí me parecían bien los chinos y los centros comerciales y el Indiana Bill y el Leclerc y el Pizza Hut, y el Burger King que estaban construyendo enfrente del Palacio de Aranjuez también me parecía bien aunque mi padre me decía que no me iba a llevar, que eso eran americanadas.

También le parecía una americanada el Actimel, que acababa de salir al mercado y que todos mis amigos llevaban de desayuno al recreo mientras yo desenvolvía con vergüenza mi bocata o mis galletas con onzas de chocolate, aunque me estaban muy ricas, y por las tardes le rogaba a mi padre que me comprara Actimeles, que todos los niños lo llevaban, pero nunca había suerte.

Me decía «mira lo que dice mi dedo» y alzaba el índice y lo movía de un lado a otro y me respondía que, si quería un Actimel, me agitara un yogur, y yo me rebotaba y me subía a mi cuarto y pensaba en que no se enteraba de nada porque no le gustaban ni los euros ni las canciones en inglés ni el Burger King ni los Actimeles y seguía yendo al mercado de Ocaña a por el pollo y le daba igual que oliera a cadáver de animal y que hubiera lámparas matamoscas en el techo. Años más tarde tuve que darle la razón, pero es que a mi padre siempre tengo que darle la razón, aunque sea años más tarde. Estaba siendo testigo del fin de España, del fin de la excepcionalidad. Y no me daba cuenta.

El afuera: mundo

La boda de la Rebeca

El 13 de julio de 1997 yo acababa de cumplir seis años y era la boda de la Rebeca, una de las primas de mi madre, hija de mi tita Toñi. Se casaba con el Ratón, un hombre muy menudo, con los ojos muy achinados y que tenía muchos callos en las manos o eso me parecía a mí. Se dedicaba al campo y en algún sitio escuché que el último día de vendimia siempre iba a la viña en traje y pensé entonces que seguro que le quedaba grande y se le hacían arrugas de rodillas para abajo, porque el Ratón era un hombre muy pequeño y no se hacían trajes tan pequeños, así que me lo imaginaba arremangándose todo el rato para cortar los racimos con el tranchete.

Dos años antes del día de su boda la Rebeca y el Ratón habían tenido a la Coraima, que era la niña más bonita del mundo y que se llamaba así por un personaje de una telenovela que veían mi abuela y la Toñi. La Coraima iba siempre muy repeinada y oliendo mucho a Nenuco y casi nunca lloraba, y cuando me enteré de que la Rebeca y el Ratón se iban a casar me dio mucha envidia que pudiera ir a la boda de sus padres porque una de mis cintas favoritas era la de la boda de los míos. La veía casi tanto como la de *El libro de la selva* o *Anastasia*, que me la regalaron mis titas y que a mi padre no le hacía gracia que viera por contrarrevolucionaria.

En la cinta de la boda salían juntas la familia de mi padre y la de mi madre y me enfadaba no estar. Me enfadaba no poder correr por el banquete mientras alguien me decía que no corriera y me enfadaba no poder mezclar sorbetes de limón con pan y con el kétchup que daban para el filete empanado del menú de niños en los salones de Pelos, que es donde se casaron mis padres y donde se casaba mucha de la gente que se casaba en mi pueblo. Me enfadaba no poder salir en ese vídeo al lado de mis tíos mientras comían gambas o bebían DYC o fumaban, porque cuando se casaron mi padre y la Ana Mari, en el noventa, aún se fumaba en los restaurantes y en las discotecas, en los vagones de tren y en las clases y delante de los niños.

Me gustaban mucho los efectos de caleidoscopio y los filtros de colores con los que había editado el vídeo el de Pacheco, la tienda de fotos de mi pueblo, y también las hombreras y los encajes del vestido de novia de la Ana Mari. Más de una vez les reproché a mis padres —a mi padre y a la Ana Mari— que no me hubieran esperado, que me hubieran excluido de algo tan importante, a lo que mi padre siempre me respondía que no sabían que yo iba a llegar ni que cuando llegara me iba a apetecer tanto haber ido a su boda.

Entonces yo le preguntaba que dónde estaba yo en su boda y él me decía que no existía y yo le respondía con otra pregunta, la de dónde estaban los niños antes de existir.

Él me decía que en ninguna parte, que no existían, que no eran. Yo aseguraba que eso era imposible porque cuando me quedaba embobada y él me preguntaba que en qué pensaba y yo respondía que «en nada» él me decía que en nada no se podía pensar. Entonces le replicaba que sí, que yo sí podía, y me quedaba unos segundos mirando al infinito y le avisaba «ya». «¿En qué has pensado?», me preguntaba entonces. «En blanco». «Si estás pensando en blanco, no estás pensando en *nada*», me respondía.

Llegado ese momento siempre me enfadaba un poco y me ponía a otra cosa, asumiendo mi derrota y que la nada no existía, pero no dejaba de intentarlo: cada vez que mi padre me preguntaba en qué pensaba y le respondía que en nada, volvía a quedarme unos segundos mirando al infinito y le decía «ya», y él me preguntaba que en qué había pensado y le respondía que en blanco, como esperando que alguna vez me diera la razón y no me dijera que el blanco era el blanco y no la nada.

El caso es que si la nada no se podía pensar era porque no existía y si no existía, ¿cómo iban a ser nada los niños antes de nacer?, ¿cómo podían no existir, no ser, al menos, blanco? El 13 de julio de 1997, mientras me bañaba en casa de mis abuelos para ir a la boda de la Rebeca, andaba pensando en esto y teniéndole rabia a la Coraima por poder ir a la boda de sus padres cuando oí a mi abuela María Solo —se llamaba María, pero como la otra se llamaba Mari Cruz, a esta la llamaba María Solo— gritar «valientes hijos de puta» en el comedor. Acababan de asesinar a Miguel Ángel Blanco.

Entonces mis abuelos, mis padres y mis titas empezaron a ir de un lado para otro, a entrar y salir del baño dejando la puerta abierta mientras yo les gritaba que cerraran la puerta, los miraba y me miraba los dedos arrugados de las manos preguntándome por qué llamaba mi abuela eso a nadie, que «menuda boca», como me reprochaba cuando cantaba en público «ya llegó el verano, ya llegó la fruta y el que no se agache es un hijo puta», canción que, por cierto, me había enseñado ella cuando apenas había aprendido a hablar. Cuando entró a aclararme el pelo le pregunté a la Ana Mari que por qué decía eso la abuelita y me habló de ETA muy nerviosa, no sé si por ETA o porque llegábamos tarde a la iglesia, y en lugar de resolver mis dudas hizo que tuviera aún más.

Ya había oído hablar de ellos y ya me había dado cuenta de que su logo cuando salían hablando en la tele con pasamontañas se parecía al de las farmacias, pero nunca me había preguntado, hasta el día de la boda de la Rebeca, ni por qué mataban ni cuántos eran. Solo sabía que tenían que darnos miedo, pero sobre todo rabia.

La Ana Mari me dijo también no sé qué de unas manos blancas, que lo habían raptado y que era concejal. Lo de que era concejal no me hizo falta preguntárselo porque ya lo sabía. La Ana Mari era amiga de las secretarias del Ayuntamiento de Ontígola y a veces venían concejales cuando íbamos a llevar los certificados al consistorio, que era otra manera de llamar al ayuntamiento, y entonces me decían «Ana Iris, este es el concejal de Festejos» o «Ana Iris, este es el concejal de Medio Ambiente», y yo asentía y les sonreía como se sonríe a las personas importantes.

Pero más que ETA y quién era ese tal Miguel Ángel lo me inquietaba era que la boda de la Rebeca no fuera a ser tan divertida como la de mis padres o que su vídeo no fuera a tener efecto caleidoscopio por culpa de un desconocido. Tardé muchos años en entender que a mi familia le pusiera tan triste la muerte de un concejal de por ahí, que ni siquiera era de esos que a veces veíamos en Las Cuevas cuando íbamos a tomar café la Ana Mari y yo con Coral y Carmen, que eran las secretarias del Ayuntamiento de Ontígola. Tardé muchos años en comprender que a veces los muertos de los otros son también los propios, lo que es una tragedia, lo que es un malnacido y lo que es un pueblo.

En esa bañera aprendí mal que bien lo que era ETA y cuando mi primo Pedro, que es más pequeño que yo, dijo durante una sobremesa en casa de mis otros abuelos —de Mari Cruz y de Vicente, porque Pedro era de los Simones, mi familia paterna, no de los Bisuteros— que ETA ya no mataba porque estaba muy viejo y que ahora el que mataba era Pinochet, me reí y le expliqué que ETA no era un señor, que eran muchos. Aunque, a decir verdad, tampoco estaba muy segura de ello.

Años después me contaron que aquella mañana andaban de un lado para otro, entrando y saliendo del baño y dejando la puerta abierta porque buscaban un lazo negro. Mi abuelo Gregorio era el padrino de la boda y se lo quería poner en la solapa de la chaqueta. Tuvieron que ir al furgón y abrir el paquete de una muñeca Úrsula, la mala de *La Sirenita*, para cortar el vestido, quemar un poco los bordes para que no se deshilacharan y que mi abuelo pudiera ponérselo como lazo. Tenían una muñeca Úrsula y un furgón porque mi abuelo Gregorio y mi abuela María Solo eran feriantes, tenían un puesto de juguetes.

Había una historia de la feria que mi abuela María Solo me contaba siempre y que tenía que ver con ETA. Ocurrió que en los Sanfermines del 78 se tuvieron que refugiar en la caseta, que era una estructura de madera y hierros de dos por diez metros desde la que atendían a las familias, durante toda una tarde. La culpa fue de los defensores de una cosa que se llamaba «Amnistía total», que por lo visto se pusieron a manifestarse y a pegarse con la policía con los puestos y los caballitos de por medio.

Lo que me parecía verdaderamente relevante de aquella historia, más que los motivos que llevaban a esa gente a profanar la feria, era que mi tito José Mari, que entonces era un niño, no dejara de gritar «policías asesinos», que era lo que coreaban los manifestantes, durante todo ese verano. Mi abuelita María Solo me contaba que lo regañaba mucho, que le gritaba que aquello no se decía, que los iban a llevar presos por su culpa, y yo pensaba, con alivio, que menos mal que ningún guardia oyó al José Mari niño corear aquello. Lo que era la Amnistía total y por qué se enfrentaban con la policía esos señores que la querían me importaba menos.

Yo duermo abajo y arriba España

Cuando llegamos al coche Sergio me mira desde abajo, le digo *ojosbonitos*, así todo junto, que es lo que le digo siempre cuando me mira desde abajo porque tiene los ojos muy grandes y de un verde muy oscuro y me responde que su madre vota a Vox. Me lo dice muy serio y con una voz muy ronca, la que pone cuando dice o cosas importantes o mentiras. Su madre le da una colleja y le ordena que entre al coche por el lado del alza mientras Diego se ríe y carga mi maleta. Yo también me río. «Que es verdad, que vota a Vox», insiste Sergiete, que es como lo llamamos a veces, mientras se abrocha el cinturón. «Lleva así toda la semana y es que a ver si lo va a decir por ahí», me cuenta su madre, mi tía, mientras se abrocha el suyo. Han venido a recogerme a la estación de Alcázar, que está al lado de la de Criptana, pero a ella llegan muchos más trenes, porque voy a pasar unos días al pueblo.

Cuando arranca y dejamos a un lado los molinos de Alcázar pienso, como siempre que paso por ahí, como siempre que los de Criptana pasamos por ahí, que menuda birria de molinos mientras Diego me habla de su última competición de judo. Al llegar al pueblo y pasar la glorieta de Quijote y Sancho, que podría estar y de hecho seguramente esté a la entrada de todos los pueblos de la zona, Sergio señala la bandera de España y dice «Ana Iris, ¿sabes qué? Que duermo en una litera. Yo abajo y arriba España». Y suelta una carcajada y su madre y su hermano y yo otra y pienso en cómo habrá llegado hasta un niño de siete años ese meme. Porque sabe leerlo como lo que es, como un meme, lo sé, pero lo que digo en alto es que no se le ocurra soltar eso delante del abuelo. Cuando llegamos a su casa, a la que hasta hace unos meses era la casa de los abuelos pero ahora es ya solo la casa del abuelo, me vuelve a interpelar. «Ana Iris, ¿sabes qué?». Lo miro cómplice y se vuelve a reír y me doy cuenta de que se le ha caído otro diente desde la última vez que lo vi.

Sergio y Diego y mi tía, su madre, se van a comer a su casa y yo me quedo en la del abuelo, que me ha hecho gachas. Una sartenceja para mí sola porque él no puede, que la diabetes y la harina de almortas no se llevan bien y además ya comió el lunes, que es cuando le toca gachas. Lo repite todo el rato: «una sartenceja para ti sola porque yo no puedo», como si tuviera que convencerse a sí mismo, pero cuando le insisto en que se eche una sopa de pan, una «provincia» como la llama él, coge el suyo, el integral, y se la echa. Con los ojos brillantes me guiña un ojo y me dice «alza que te veo».

Sergio y Diego vuelven en cuanto comen y el abuelo está dormido en el comedor, sentado en una silla y con el codo apoyado en el radiador y la cabeza apoyada en la mano hecha un puño. Se despierta en cuanto los oye y les dice que «se le ha ido un decimal», que es como llama él a quedarse traspuesto con la tele al volumen treinta.

Hemos quedado para ir a ver el silo, un almacén de grano de la Guerra Civil que acaba de pintar Ricardo Cavolo por encargo de la Diputación de Ciudad Real. Estamos esperando a Carolina, que tiene cinco años y con la que también hemos quedado, cuando mi tía Ana Rosa baja y me cuenta que las pintadas del silo tienen al pueblo revolucionado. Que andan las señoras con el *te paece que* todo el día en la boca, que la gente no lo entiende porque no tiene perspectiva y es plano y encima Cavolo dice que representa la enfermedad mental. Llaman a la portá y la Ana Rosa, que desde que murió la abuela se ha echado sobre los hombros y las ojeras el imperativo de ser lo que era ella antes de irse, abre y dice «¿pero quién viene?». Y no lo veo pero me imagino cómo Carolina se está echando a sus brazos. Lo siguiente que oigo es una concatenación de besos, porque la Ana Rosa no sabe dar solo un beso: da muchos, muy seguidos y muy sonoros siempre.

Eso preguntó Carolina el día que le dijeron que la abuela, que en realidad es su bisabuela, había muerto. Que entonces quién le iba a preguntar «¿pero quién viene?» cuando fuera a casa de los abuelos, e igual por eso ahora se lo pregunta la Ana Rosa. Siempre ha vivido, desde que se casó con mi tío Pablo, en el piso de arriba de la casa de mis abuelos, con su marido y sus dos hijos, mi primo Pablo y mi prima María.

La abuela a la que me refiero es Mari Cruz, no María Solo, porque Sergio y Diego y Carolina y la Ana Rosa no son feriantes: son Simones. Por eso Sergio sabe a sus siete años que decir que su madre vota a Vox o lanzarle viva

Españas es tan obsceno como hablar de mierdas o de pe-
dos, que imagino que es de lo que hablan los niños de su
edad cuando están en la etapa del humor escatológico.

«Atácate bien que hace mucho frío», le dice la Ana
Rosa a Carolina antes de irnos, y Carolina obedece y se
mete la camiseta por dentro del pantalón y se coloca el
abrigo. Le digo que menudo fachaleco guapo que lleva y
me responde que es del Carrefour, que es donde trabaja
su madre, mi prima. Nos despedimos del abuelo y de la
Ana Rosa y partimos los cuatro hacia el silo, calle el
Cristo abajo.

Carolina y Sergio van delante y yo me quedo atrás con
Diego, que se saca un petardo del bolsillo y me dice que si
le dejo un mechero. Le respondo que no, que cuando no
estén los pequeños, y me cuenta que se ha rapado al uno
por abajo y al tres por arriba porque se quiere disfrazar de
Shelby el de los *Peaky Blinders* en carnaval, y cuando le
digo que queda mucho para carnaval no me responde y
mira para arriba, como dando a entender que eso es
irrelevante. Le pregunto qué hace un chico de once años
viendo *Peaky Blinders* y me dice que se la pone su padre y
me acuerdo de por qué su padre, el menor de los hermanos
del mío, es mi tío favorito.

Cuando yo tenía la edad de Diego y su padre, que
también se llama Diego, aún vivía en casa de mis abuelos
e íbamos a vendimiar siempre me pedía volver de las
viñas en su Renault Supercinco GTX. A veces lo ponía
muy rápido y nos decía —mi primo Pablo, que tiene dos
años menos que yo, también se pedía siempre ir en su
coche— que era una nave espacial. Los domingos, cuando
se iba de cañas, a Diego le daban siempre capote, que es

como llama mi abuelo, que tiene un lenguaje propio, a dejar a alguien sin comer, porque en su casa se come a las dos en punto y a quien no esté a esa hora a la mesa se le da capote. Desde que la abuela no está creo que adelanta cada día unos minutos la hora, de hecho. Hoy las gachas nos las hemos comido a la una y algo y cuando le hablaba a la tele nadie le respondía que se callara ya, que si no se daba cuenta de que no le oían, y eso que hoy le ha hablado mucho a la tele porque hemos visto el debate de investidura.

Mientras recogía las migas de la mesa, al acabar, se ha puesto a vocear que «menudos tíos gorrinos», que «cuando han hablado ellos nosotros nos hemos callados y hemos respetado, pero es que esa gente no respeta a nadie». Esa gente que no respeta a nadie es la que se sienta en las bancadas de la derecha. Se ha incluido a sí mismo entre los que sí respetan, como si estuviera en el hemiciclo, porque, aunque ha tenido muchos disgustos este año, aunque se le ha muerto su María y su hijo mayor, mi abuelo Vicente ha tenido una alegría. «En mi vida me habría imaginado ministros comunistas, ministros comunistas otra vez», me dice cuando tira las migas a la basura, y estoy a punto de responderle que el comunismo no es lo que era, pero me callo porque en realidad no me lo está diciendo a mí. Se lo está diciendo a sí mismo.

Es verdad que hace mucho frío, la Ana Rosa tenía razón. Anda aire y hay niebla y una luz como de fin del mundo, como siempre que está nublado en La Mancha, porque si algo es La Mancha, si por algo vale, es por su cielo, especialmente si está despejado. Los niños de La Mancha cuando dibujan nubes dibujan las nubes que ven, esas blancas y esponjosas, esas que invitan a averiguar si eso es un carro o un dinosaurio o un bidé. Que eso me dijo Carolina que era una nube un día, un bidé, y tenía razón. El resto de niños, los que no son de La Mancha, replican, simplemente, lo que les han dicho que tiene que ser una nube: algo blanco y esponjoso y que invite a averiguar si eso es un carro o un dinosaurio o un bidé.

Al llegar al silo les hago una foto a los tres con los dibujos de Cavolo detrás y la paso al grupo de «Los Simons», en el que hay treinta y tres participantes porque los Simones somos muchos. Carolina tiene cinco años y es la tercera de cinco bisnietos. Sergio tiene siete, es el primo más pequeño y ocupa el puesto número dieciocho. A la vuelta se debe acordar de que me he reído mucho cuando ha mentado a España y rehace la broma de la litera: «Ana Iris, ¿sabes que estoy construyendo un castillo? Y arriba voy a poner a España», me dice, y Carolina le mira con gesto de condescendencia, que es el que pone cuando no entiende nada pero quiere hacer como que sí.

Se vuelven a adelantar y desde atrás oigo que se han inventado un juego. Están tratando de averiguar si una casa está habitada o no por el polvo que se acumula en las rejas de las ventanas, por lo descascarillada que está la cal de la fachada, por lo descolorido que está el añil del zócalo. «Abandonada», dice Sergio. «No, en esa hay gente, que tiene la persianeja subía», le responde Carolina. Y los pienso en un plano secuencia, desde el silo hasta casa de mi abuelo, bajo ese cielo que pesa, que casi parece que se va a caer y que de hecho se está cayendo porque de la niebla apenas se ve y jugando a la España vacía, esa que dice Sergio que duerme en la misma litera que él.

El adentro: muerte

Un feto en un bote de cristal

Tres meses antes de la boda de la Rebeca y de que ETA asesinara a Miguel Ángel Blanco me dibujaba todo el rato con un bebé al lado. No era un muñeco. Nunca tuve un Nenuco ni un Baby Born ni un carrito para pasearlos ni biberones de plástico rosa para alimentarlos. Nunca jugué a las mamás y a los papás ni me imaginé, calculo que hasta los dieciséis, criando a ningún hijo.

El niño que dibujaba todo el rato conmigo en febrero del 97 era mi hermano. Mi madre estaba embarazada de tres meses y yo presentía, yo sabía que sería un chico. Un niño al que disfrazar, un proyecto de hombrecillo con el que jugar al balón en la puerta de casa mientras mis padres se echaban la siesta y con el que compincharme para abrirle los ojos a la Ana Mari mientras dormía. No podía evitar abrirle los ojos a la Ana Mari cada vez que la veía dormir, como para comprobar que su pupila y su iris seguían ahí. Ella no me regañaba ni me preguntó nunca por qué lo hacía, igual porque sabía que necesitaba comprobar que su pupila y su iris seguían ahí cuando estaba echá la siesta.

Una tarde que andaba trepando por el módulo de pladur del comedor y evitando ser vista por la Ana Mari, que si me pillaba o intuía pequeñas huellas en las molduras sí que me regañaba por dejarlo todo perdido, mi padre me llamó a la cocina y cuando se asomó no me dijo «como te vea tu madre» por estar trepando por el pladur. En la cocina estaba ella, apoyada en la encimera y con un jersey verde muy suave que había heredado de mi abuela María Solo y que era de angora, siempre lo decía; «el jersey de angora», «este jersey es de angora» y yo primero no sabía qué era la angora pero si lo decía siempre, pensaba, era porque era algo importante y, después, cuando oí por primera vez que era una raza de gatos, sospeché que ese jersey estaba hecho de pelo de gatitos pero nunca me atreví a preguntarlo ni volví a tocar a mi madre cuando se lo ponía.

Llevaba también una falda negra por encima de las rodillas y unas medias oscuras, y mientras se agachaba para estar a mi altura y mi padre hacía lo mismo pensé que la Ana Mari nunca debería llevar medias porque tenía las piernas más bonitas del mundo. Cuando era verano e íbamos en el Lada de camino a Criptana o me llevaban a la feria de Quintanar o a la de Santa Cruz para dejarme con mis abuelos siempre se las miraba desde el asiento de atrás y pensaba eso: que tenía las piernas más bonitas del mundo y que era mi madre, aunque no la llamara así hasta primero de primaria, cuando me di cuenta de que todo el mundo tenía una madre pero yo tenía una Ana Mari. Tampoco se lo dije nunca, ni lo de las piernas ni que en primero de primaria me había dado cuenta de que llevaba seis años sin madre ni lo del jersey de angora, porque ser niño es guardar secretos. Empezamos a ser adultos cuando pensamos que todo tiene que contarse y que todo merece la pena ser contado.

Una vez agachada la Ana Mari me cogió de las manos y me di cuenta de que se le habían hecho unos pliegues en las medias, por detrás de las rodillas, y se le habían salido un poco los zapatos de los talones. Mi padre la cogió a ella de los hombros y me dijo que el hermanito no iba a llegar. Que se había muerto. Aquella tarde, la tarde en la que me anunciaron que solo habría hermanito en mis dibujos me la pasé entera preguntándole a mi padre por qué. Sabía que a la Ana Mari no podía, no debía preguntarle, porque también eso es ser niño: intuir, cuando algo malo pasa, que algo malo pasa. Y saber que entonces uno entra en un estado de excepción en el cual no entender no le da derecho a actuar como si todo fuera normal. No le da derecho, por un tiempo, a seguir siendo un niño.

Le preguntaba a mi padre porque entendía que los viejos podían morir, de hecho, entendía que incluso los niños podían morir. Sarita, una de mis compañeras de párvulos, había muerto por culpa de la leucemia un año atrás, cuando teníamos cuatro. Pero ¿cómo iba a morir alguien que ni siquiera había nacido? ¿Cómo iba a dejar de existir la nada, que era lo que mi padre me decía que eran los niños antes de nacer? Lo único que entendía aquellos días era que tenía que cuidar a la Ana Mari, porque además nos estábamos mudando de casa para tener una más grande cuando llegara el bebé que resulta que no iba a llegar, y me pasé las tardes que vinieron tras su muerte con ella mientras mi padre llevaba cajas y bultos, trepando no por el pladur, sino por las estanterías de la cocina para cogerle un zumo y ofrecérselo, o dejando que me peinara aunque hasta entonces solo dejaba que me peinaran sin refunfuñar dos personas: mi abuela María Solo, que no me daba tirones, y yo misma.

Pero antes de esas tardes en las que mi madre pasaba mucho tiempo en silencio y yo ayudaba a mi padre a preparar las cajas con mis juguetes, la tarde en que murió el bebé, mi padre sintió, supongo que tras muchas preguntas y como había sentido alguna vez antes y sentiría muchas veces después, la obligación de decirme la verdad. Para que aprendiera o entendiera. Supongo que sabía que, aunque aún era una niña —o precisamente por eso—, podía entender. Entonces me cogió de la mano y me condujo hasta su habitación.

Era un cuarto muy grande con dos ventanales que daban a un balcón muy largo en el que poco después aprendería a patinar con unos Fisher-Price que podían ponerse en dos posiciones: de cuatro ruedas y en línea. Las cortinas eran de tela arpillera con colores muy saturados y tenían unas flores bordadas abajo y entre ellas se veía, cuando estaban abiertas, el campanario de la iglesia de Ontígola, que siempre se ponía a funcionar a la hora de la siesta y que hacían que mi padre se levantara sobresaltado y se volviera aún más ateo monoteísta cada domingo.

Una vez allí abrió las puertas de su armario, un armario empotrado de madera oscura que también era muy grande o al menos a mí, con mis cinco años, me lo parecía. Se puso en cuclillas para estar a mi altura, como un rato antes, en la cocina, había hecho la Ana Mari, y de uno de los cajones en los que guardaban las sábanas y la ropa interior sacó un bote que seguramente habría contenido pisto o tomate natural del que hacía mi abuelo Vicente pero que ahora contenía un feto. Flotaba en un líquido que recuerdo verdoso pero que probablemente no lo era. Se le intuían los bracitos doblados, las manitas, tan pequeñas. Sus ojos parecían los de un extraterrestre minúsculo y me dio la sensación de haber estado horas mirándolo aunque seguramente fueran solo unos segundos.

Mi padre volvió a guardar el bote entre las sábanas, en el cajón, y me explicó entonces que aquello era un feto y que lo que había ocurrido era un aborto. Que antes de que yo naciera mi madre tuvo otro, otro hermanito que no llegó a nacer. Como no sabían por qué había ocurrido, lo habían rescatado del váter, donde descubrieron su prematura muerte, y lo habían metido en ese bote para llevarlo al médico, por si sirviera para averiguar las causas, los porqués de que su corazoncillo se hubiera parado y hubiera sido expulsado mucho antes de tiempo del vientre de la Ana Mari. Me dijo que aquello era la vida, que formaba parte de ella. Que si nacíamos era para morir y que si había vida era porque también había muerte. Yo no lloré ni me asusté. Creo que ni siquiera me puse triste, o no más de lo que estaba.

La Ana Mari no se enteró de que sabía lo del feto en el bote hasta que días después se lo conté. Se sentó a hablar conmigo porque ni lloraba ni hablaba mucho y sobre todo esto segundo era raro en mí y le dije que me daba pena lo del hermanito porque nunca iba a saber qué cara tenía ni iba a poder meterlo a dormir a mi cama, pero que para que hubiera vida tenía que haber muerte, que formaba parte de ella. Que me lo había explicado papá cuando me había enseñado el bote.

Mis padres discutieron mucho aquella tarde, pero eso lo supe años después, como supe años después que discutieron cuando Sarita, mi compañera del colegio, murió con cuatro años y mi abuela María Solo me dijo que no me preocupara, que estaba en el cielo con Jesús y me enseñó a rezar el «cuatro esquinitas tiene mi cama», pero cuando estuvimos solos en el Lada mi padre me dijo que no me dejara engañar. Que la gente cuando se moría no iba al cielo, la enterraban y se la comían los gusanos, que después eran comidos por pájaros que después se comían otras aves como el buitre. Y que no pasaba nada, que para que hubiera pájaros y flores tenía que haber también Saritas de algún modo. Que si había muerte era porque había habido vida, por corta que fuera. Y hermanos que ni siquiera llegaban a nacer.

No usar ningún aparato. Hay atasco

Limpiando el carrete del móvil me he encontrado una foto de la comida de julio en la que aparece un rincón del corral de casa de mis abuelos. Es el de la ventana que da a la cocinilla, una habitación en la que solo hay una chimenea, una lavadora, tres o cuatro peroles colgados al lado de una hilera de guindillas secándose, dos estanterías llenas de tomate y pisto al baño María y a veces sarmientos para hacer lumbre. Si alguna vez alguien me pregunta a qué huele España responderé que a esa habitación, a la cocinilla, que cuando estaba mi abuela también olía a veces al jabón que hacía ella.

Debajo de la ventana hay un montón de macetas. Geranios, un poto, un rosal, un arbolillo. Delante y reflejado en el cristal, un trozo de cuerda de tender con cuatro o cinco camisetas y cuatro o cinco pantalones diminutos. Son de mis primos y están ahí porque mi tío Pepe seguramente les daría un manguerazo o les echaría una espuerta de agua, que es lo que hace mi tío Pepe en cada comida familiar.

Me he quedado mirándola un rato, tratando de averiguar en qué momento la hice y he pensado que la vida es eso y poco más. Unas cuantas camisetas de crío secándose al sol y unos cuantos cubos de pintura plástica que ahora están llenos de tierra y geranios.

Un día mi abuelo me dijo que las flores eran de mi abuela, que él solo plantaba cosas «que sirvieran», y por cosas que sirven él entiende todo aquello que se puede comer, ya sean tomates, calabazas o aceitunas. Un año le regalamos un bonsái y no entendió el concepto. Le debió parecer que aquello estaba enrratonao, así que lo fue trasplantando y ahora es un olivo más grande que yo que da aceitunas de un tamaño considerable, y mi abuela las arreglaba y luego nos regalaba botes para que nos lleváramos.

He pensado, también, que aquella fue la última comida en la que estuvimos todos, en la que aún estaban mi tío Hilario y mi abuela Mari Cruz y que por eso pienso que la vida es eso y poco más. Porque ellos ya no están, pero sí los dueños de esas camisetas y de esos pantalones tan pequeños. Porque los geranios y la tierra y las macetas siguen ahí.

Hay dos veces al año en las que los Simones nos juntamos: el sábado más próximo al 13 de julio, que es el cumpleaños de nuestro abuelo Vicente, y en Nochebuena. Cuando éramos pequeños usábamos el comedor y la cocina. Mis tíos descolgaban las puertas para que no estuviéramos todo el rato dando portazos y mi abuelo sacaba la parte extensible de la mesa del comedor. Como la pata se había roto, ponía una vara de almendro que él llamaba «el automático» para sujetarla, y el primo que le daba una patada al automático y tiraba todo —porque siempre había un primo que le daba una patada al automático y tiraba todo— sabía que se exponía a que lo exiliaran a la mesa de los cagones, la de los menores de once años, así que nos pasábamos toda la cena mirándonos los unos a los otros, tentando a la suerte y compitiendo por ver quién era capaz de pasar el pie más cerca del automático sin rozarlo.

Cuando mis primos mayores empezaron a tener hijos y aquello se empezó a ir de madre porque ya no cabíamos, mi abuelo llamó al hijo de Santiaguete, uno de los primeros maestros albañiles del pueblo y el alarife de cabecera de casa de mis abuelos, para que construyera en el corral una sala cuyo único fin sería albergar las reuniones familiares. Esto fue en 2007 y mientras la estaban levantando cayó un granizo y se inundó. También mientras la estaban construyendo jugamos un día al escondite y mi prima Clarita, que tendría cuatro años, se escondió en la hormigonera y la regañina nos la llevamos los demás por haber dejado que Clarita se escondiera en la hormigonera. Mi tío Pablo, que es ebanista y la única persona del mundo que ama su oficio —que lo ama de verdad— de todas las que conozco, hizo dos mesas muy largas y muchas sillas y muchas banquetas y poco a poco eso se fue convirtiendo en La Sede.

No sé quién fue el primero que la llamó así, pero cualquiera que la visite entiende rápido el porqué. Las fotos de familia (una de ellas es un fotomontaje que encargó mi abuelo porque no tenía una foto de sus ocho hijos juntos, así que mandó pegar con Photoshop a Diego, el pequeño, pero en la foto que eligió Diego tiene más años que la Ana Rosa, que es mayor que él, y mi abuelo aún no entiende por qué nos reímos cada vez que la vemos) se intercalan con banderas de la revolución cubana, de China, de Vietnam. La de la hoz y el martillo ya no está porque se la llevó Hilario en julio. Se la pusieron ya en el tanatorio y lo enterraron con ella y no pregunté quién la descolgó de La Sede, la dobló y la metió en una bolsa para llevarla hasta el tanatorio y echársela por encima, pero fue lo primero que pensé cuando, al descorrer las cortinas, vi que una tela roja le cubría el cuerpo y caí en qué era esa tela roja. También pensé en que si alguien le hubiera contado cómo iba a morir habría dicho que menudo tío tonto y se habría cagado en Dios. «Pero me cago en Dios, menudo tío tonto», eso habría dicho.

Hilario era hasta hace unos meses el hermano mayor de mi padre, el primero de siete. Ahora lo es la Mari, porque él murió el día que quiso desatascar el baño del corral de su casa y mezcló lejía con aguafuerte y se intoxicó. El baño era el aseo de su patio, que tiene las paredes de cal y el zócalo añil y la sombra de la parra mejor podada de mi pueblo. En su entierro, justo antes de bajar la caja por el agujero de la tumba, mi padre se acercó hasta ella muy rápido y quitó la llave que estaba metida en la cerradura que llevaba incrustada.

Cuando después de su entierro fuimos todos al corral de Hilario cogí a mi padre por detrás y le di un abrazo y le dije que lo había visto, que qué iba a hacer con ella. Se le pusieron los ojos llorosos y no respondió, pero cuando nadie miraba la colgó en la guía de la parra y dijo que ahora le iba a tocar podarla a él. Sorin, el marido de mi prima Fina, la hija de Hilario, le dijo con su acento rumanomanchego que ni en broma, que de eso se encargaba él, y creo que fue la primera vez que nos reímos en tres días.

Cuando llegó Carolina, que es hija de la Fina y Sorin y nieta de Hilario, mi padre la cogió en brazos y le enseñó la llave y le dijo que siempre que la mirara tenía que acordarse de su abuelo. Después ella le dijo a su madre que menuda tontería le había dicho el tío Javi. Que acababa de pasar al comedor y que al ver los alpargates de Hilario también se había acordado de él, que no necesitaba ninguna llave.

Desde que llegó al hospital y hasta que pudieron firmar el parte de defunción de Hilario pasaron tres días, tres días en los que entre una familia gitana y la mía, con sus siete tíos con sus respectivas mujeres y maridos —seis, sin Hilario—, sus dieciocho primos y sus cinco bisnietos, colapsamos la planta tercera del hospital La Mancha Centro de Alcázar de San Juan, que es al que nos corresponde ir a los de Criptana.

Yo apenas fui. Me los pasé casi enteros en la penumbra del comedor de casa de mis abuelos, a la que aún nos referíamos en plural, cogiéndole la mano a mi abuela, que solo atinaba a decir, de cuando en cuando, «con lo bien que estaba ahora de lo suyo».

«Lo suyo» eran problemas respiratorios que le habían llevado ya años antes al hospital. Ella, que también estaba muy bien de lo suyo hasta que su hijo decidió desatascar el baño del corral de su casa, murió dos meses después. E igual que pienso que Hilario diría «menudo tío tonto» si supiera cómo ha acabado muriendo, también pienso en cómo habrá sido ese prematuro reencuentro entre madre e hijo si mi padre está en un error y existe lugar al que ir tras la muerte que no sea la descomposición primero y después las flores, las tripas de los gusanos y las aves como el buitre. Probablemente Hilario se habrá enfadado con ella y le habrá dicho «pero hostia, Mari Cruz, ¿ya tú por aquí?».

Hilario se sentaba siempre a la derecha de mi abuela en las comidas de La Sede. Mi abuelo ocupa el puesto presidencial de la mesa de los grandes, la de los tíos. La otra es la de los chicos. Solo algunos de los primos más mayores están autorizados a sentarse en la grandería. No está escrito y nadie nos ha advertido nunca de ello, pero es así. Porque, aunque La Sede se llame La Sede, los Simones no operamos como un partido, sino como un clan. Acatamos normas que no figuran en ninguna tabla y que se han ido transmitiendo de generación en generación, leyes que no necesitan siquiera ser verbalizadas, como que los niños no suelen sentarse, salvo excepciones, con sus padres, sino con sus primos, aunque esos primos —como yo— bien podrían ser sus padres por edad. O como que cuando se come caldereta no hay que quedarse a la orilla del perol, hay que coger con el cuchillo, poner la carne y la patata sobre el pan, dar dos pasos para atrás y solo entonces comer, porque la caldereta no se come a la mesa, sino de pie, alrededor de los peroles, como se hacía en el cocero de mi abuelo cuando tenía viñas. Alrededor del que tiene guindilla se suelen arremolinar los tíos y los primos más valientes. En torno al que no, las tías y los niños, los únicos que tienen, hasta los diez u once años, derecho a un plato, que también se suelen comer de pie.

Hilario solía hacer expediciones de la grandería a la mesa de los chicos, y cuando Hilario hablaba, ya fuera sobre el reinado de Isabel II o sobre cómo la primera mujer que tuvo carné de conducir en el pueblo fue también la primera en llegar a la Luna porque se estrelló contra el escaparate de la confitería, el resto callábamos. Y esa era otra norma no escrita, otra materialización de la disciplina libremente aceptada que implicaba e implica ser Simón.

Creo que si Hilario hubiera podido estudiar y no se hubiera tenido que poner a trabajar con diez años habría sido profesor, aunque la paciencia no fuera su mayor virtud. Maestro, habría sido maestro. Se sacó el graduado en donde José Manuel Alcañiz, por las noches. Y el día que murió, murió también buena parte de nuestra memoria, y mi padre me pidió que escribiera algo para leer en el cementerio porque a Hilario no se le podía dar misa, con todos los improperios que había lanzado no solo contra Dios, sino también contra «todos los santos en hilera» y en ocasiones incluso contra «la virgen puta», en la que también se cagaba si la ocasión lo merecía.

En los Simones, y esa es otra de las enseñanzas que no se explicitan, la blasfemia tiene grados, según lo grave que sea aquello que la provoca o lo envalentonado que esté uno: me cago en Dios, me cago en Dios y en Cristo a caballo, me cago en Dios y en todos los santos en hilera y me cago en Dios y en la virgen puta. Para el entierro de Hilario escribí esto, dándome cuenta en cada línea de lo raro que era tener que inventar un ritual de muerte por tener, precisamente, rituales de blasfemia.

En la última comida, en el último cumpleaños del abuelo, la prima María grabó un vídeo. En el centro aparece Hilario. Le rodean Pedro, Diego, Javi y Pablo. Les habla, no sin retintín, de un antepasado carlista: Diego Simón. De vez en cuando le da a Pedro, que está a su lado, una palmada en el hombro. Menciona *Doña Perfecta* de Pérez Galdós mientras el resto escucha. Sonríen. Asienten. Acaba la historia diciendo que menos mal que aquello no llegó a buen puerto, que si no probablemente seríamos todos de Vox. Nos reímos, claro.

En la última comida, en el último cumpleaños del abuelo, María grabó un vídeo e Hilario salía en el centro, contando una de sus historias. Pero podría haber sido grabado en cualquier comida, cualquier Nochebuena, cualquier domingo en casa de los abuelos. Porque la imagen se repetía cada vez que Hilario andaba por allí: él no era solo él. Era él y sus historias. Hilario conjeturando sobre de dónde escribía Cervantes cuando se refería a ese lugar de La Mancha de cuyo nombre no quería acordarse. Hilario recitando a Lorca o a Miguel Hernández y su «niño Yuntero». Hilario contando, por enésima vez y a petición de Pablo el hijo, la historia de aquella Nochevieja en la que la primera mujer que llegó a la Luna se estampó contra la confitería o riéndose porque su nombre en inglés fuera Hillary, como la Clinton.

A Hilario le gustaba que le llamásemos «el Hermano», quizá porque era una manera de que «el Hermano» original, del que tomaba prestado su apodo, siguiera vivo. Muchos de nosotros, de hecho, solo conocimos al Hermano y a la Hermana por lo que Hilario nos contó de ellos. Fue él quien hizo que sus hijos Hilario, Josefina, Belén y Carlos, y sus nietas, Clara y Carolina, los conocieran. Fue él quien hizo que supieran que existieron, que pisaron por donde ahora pisamos nosotros, que rieron y lloraron en el corral en el que ahora reímos y lloramos nosotros. Que llevaron nuestro apellido antes que nosotros.

Probablemente sin saberlo, y seguramente sin pretenderlo, Hilario nos enseñó, con su mujer, Jose, siempre asintiendo a su lado, muchas cosas. Nos enseñó chascarrillos, dichos y coplas. Nos enseñó que las manos con callos del azaón, las manos curtidas de tierra, sol y viento también saben, también tienen que acariciar la historia, la poesía, los libros.

Pero quizá lo más importante que nos enseñó fue que si no existiera Dios al que rogar ni cielo al que ir, como él pensaba, la única manera que tenemos de seguir vivos es la memoria. Seguimos vivos en las historias que nos contamos. Y ahora es nuestro deber, nuestra responsabilidad, seguir contando las suyas. Seguir riéndonos de que su nombre en inglés fuera Hillary. Recitar «El niño yuntero» de cuando en cuando y casi sentir aún su mano en el hombro.

Lo leyó Javi, mi hermano, que llegó por fin cinco años después de lo del feto en el bote de cristal, en el 2000, así que es uno de los primos más pequeños. Cuando Hilario hacía expediciones a la mesa de los chicos solía pegar el hilo con él, porque era capaz, casi desde niño, de seguirle cuando le recitaba poesías o de completar sus chascarrillos. «Cuando te vi de venir con la llana entre la faja, serás buen albañil, pero a mí no me trabajas», decían a coro, y se reían, y después se ponían a debatir, porque Javi nació viejo pero sobre todo sabio, sobre si España es España desde Isabel y Fernando o si ya lo era de antes.

Era gracioso ver cómo un hombre con la piel de la textura del cuero y un adolescente enfundado en una camisa de leopardo y con las uñas pintadas se pasaban horas entre debates historiográficos y coplillas, y era bonito ver cómo Javi decía «hombre, el Hermano» cada vez que le veía llegar y cómo se le iluminaban los ojos a Hilario al oírlo. El Hermano y la Hermana eran los tíos de mi abuelo Vicente, que se crio con ellos cuando sus padres se exiliaron a Francia después de que su padre se escapara de la cárcel y que vivieron en la casa familiar hasta su muerte. Ninguno de los primos los conocimos más que por lo que nos contaba de ellos Hilario y mis abuelos y nuestros padres, pero sobre todo Hilario, y eso les hizo adquirir la categoría de mito fundacional de nuestro clan.

De casa de Hilario, donde habíamos ido tras el entierro, volví a la de mis abuelos en la C15 con mi tío Pablo, el ebanista, el marido de la Ana Rosa, y primero me habló del armonógrafo que acababa de construir, que es un aparato que dibuja curvas utilizando únicamente el movimiento de distintos péndulos, y después me dijo que abriera la guantera y sacara «el papel». El papel era una cuartilla en la que había escrito: «NO USAR NINGÚN APARATO. HAY ATASCO». Tenía dos agujeros hechos probablemente con la punta del boli y de ellos colgaba un hilo. Lo leí varias veces y miré a mi tío Pablo mientras mi tío Pablo miraba al frente. «Estaba cogido en la puerta del baño y lo he robado para ponérselo en un cristalillo a sus hijos. Es lo último que dejó escrito», me explicó, sin apartar la mirada de la calle el Cristo.

Estábamos llegando ya a casa de mis abuelos, que también es su casa, porque vive en el piso de arriba con la Ana Rosa. «¿Pero ahora?», le pregunté. «No, hombre, no. Ahora no. Cuando pase el tiempo». Y también me dijo que cuando él muriera quería que le enterráramos con una lata de aceitunas y una cajetilla de tabaco, y me lo dijo muy serio.

Mientras le abría la portá para que metiera la C15 al corral pensé en Hilario como en Giner de los Ríos, porque si hubiera podido estudiar habría sido maestro, y pensé en él tal y como lo describió Machado: «¿Murió?

Solo sabemos / que se nos fue por una senda clara / diciéndonos: Hacedme / un duelo de labores y esperanzas. / Sed buenos y no más, sed lo que he sido / entre vosotros: alma. / Vivid, la vida sigue / los muertos mueren y las sombras pasan; lleva quien deja y vive el que ha vivido». Y pensé también en que esa caja debía llevar ese último verso además de su nota, «lleva quien deja y vive el que ha vivido». Porque Hilario vivió, pero como vivió hablándonos de lo importante, contándonos quiénes éramos y de dónde veníamos, sobre todo dejó.

Lo femenino

Las vacaciones de los otros niños

Cuando pasé de preescolar a primaria me cambiaron de colegio, del Virgen del Rosario, que estaba en Ontígola, al Vicente Aleixandre, que estaba en Aranjuez, el pueblo en el que mi padre era cartero. De cartero no se trabajaba, cartero se *era*; lo aprendí porque él me decía que éramos una familia postal y porque nunca decía que trabajaba de cartero, decía que lo era. La Ana Mari también era cartera, pero en Ontígola, donde vivíamos. La oficina estaba en nuestro garaje, primero en la casa de la plaza, la del balcón en el que aprendí a patinar y que daba a la iglesia, y luego en la de la calle Flores, a la que nos mudamos porque iba a nacer el bebé que resulta que nunca nació. Era un chalé adosado de esos que en aquellos años empezaron a hacer de Toledo y de La Mancha un no lugar —otro—, con cada vez menos paredes encaladas y cada vez menos botellas de plástico llenas de agua en las esquinas para que no mearan los perros en nombre de la modernidad y de la nueva nación-rotonda-España, orgullosa de su reciente europeidad.

Una modernidad y una europeidad que se diluían en cuanto uno iba a la oficina de Correos de Ontígola, porque de la puerta, que era una puerta de garaje blanca exactamente igual a las diez puertas de garaje blancas de los diez chalés adosados que había alrededor solo que con un buzón amarillo con una cornamusa pintada, colgaba un cartel escrito a mano por la Ana Mari. «Horario de oficina: de 10:00 a 11:00». Sobre la acera estaba a veces la Vespino con la que repartía por el Residencial y los Girasoles, las dos urbanizaciones de chalés sin adosar, de chalés chalés, que empezaban a llenar Ontígola de forasteros como nosotros solo que con un poco más de dinero y unos pocos años menos de «hipoteca».

A la Ana Mari le pagaba Correos mil pesetas por aportar el local, como a todos los carteros rurales en aquel momento, y aportar el local era un requisito que figuraba en su contrato. El año que se lo subieron a dos mil y los sindicatos empezaron a presumir de haber conseguido que se doblara la cifra, ella se reía como se ríe la Ana Mari, echando la cabeza para atrás y haciendo mucho ruido, y le decía a mi padre todo el rato que «el doble de nada era nada de nada» y él también se reía pero como se ríe él, tapándose la boca y agitando un poco los hombros, como para retener la carcajada, como si no quisiera que la risa llegara a salir, justo al revés que la Ana Mari.

Lo bueno de que la oficina de Correos de Ontígola fuera nuestro garaje era que cuando me ponía mala con gastroenteritis y no iba al colegio la Ana Mari estaba en casa. Lo malo, que la gente venía todo el tiempo fuera del horario de oficina (de 10:00 a 11:00, como rezaba el cartel escrito a mano por ella de la puerta) y llamaba al timbre de casa. Entonces teníamos que quedarnos muy quietos, sin hacer ruido, para que pensaran que no estábamos. Nos escondíamos detrás de la puerta de la cocina o en el aseo de abajo, que no tenía más que el váter y la pila y el cesto de la ropa sucia, y nos reíamos en silencio mientras nos mirábamos. Cuando oíamos las pisadas alejarse o el coche arrancar salíamos de nuestros escondites y de nuestra quietud y probablemente la Ana Mari se reía como se ríe ella siempre, como si toda la alegría del mundo se concentrara de pronto en su boca y explotara, haciéndole echar la cabeza para atrás del impulso, como una pistola en retroceso.

Cuando aún estaba en el Virgen del Rosario de Ontígola ella venía a por mí con su camisa amarilla y sus pantalones azules y un montón de gomas marrones en las muñecas de las que usaba para agrupar las cartas y a veces me dejaba volver a casa metida en el carro porque ya no llevaba paquetes. Si tenía suerte venía en la Vespino e íbamos a la Benita a por pan y yo me comía las migas que se quedaban entre las vetas del mostrador de madera intentando que no me viera. O a la Rocío, que era un ultramarinos muy oscuro con una lámpara matamoscas colgada del techo en el que olía siempre a embutido.

Cuando cumplí los seis, en junio, me anunciaron que el curso siguiente iría al colegio a Aranjuez. A mí me pareció bien porque, aunque apenas los separaban cinco kilómetros, Ontígola pertenecía a Toledo pero Aranjuez ya era Madrid y Madrid era infinitamente mejor que Toledo, eso lo sabía todo el mundo, igual que un pueblo con más de cuarenta mil habitantes —siempre preguntaba, y lo sigo haciendo, cuántos habitantes tiene un lugar— y con un palacio y un cine y sin viejas vestidas de negro que vivían en cuevas era infinitamente mejor que uno de mil y pico en el que lo único bueno era el descampado de al lado de mi casa, que hacía las veces de vertedero local y al que me iba a jugar con los sofás, las vajillas y los sanitarios de baño que la gente había jubilado. Un verano alguien se deshizo de un muestrario de molduras de techo y me lo pasé entero pintando molduras de techo con acuarelas, pero cuando llegó septiembre la Ana Mari me las tiró porque con el orden y la limpieza era implacable. «Un día me voy a ir y os va a llegar la mierda al techo», nos decía a mi padre y a mí a veces, y yo pensaba siempre en dónde pensaba en irse la Ana Mari cuando pensaba en irse, porque ella conocía muchos sitios, para algo había sido ferianta, y en si sería capaz de irse solo para demostrarnos que, si lo hiciera, la mierda nos llegaría al techo. Que además era mentira, porque mi padre y yo limpiábamos mucho, hacíamos «de sábado», que era como llamaban ellos a limpiar la casa fuera viernes, sábado o domingo, con El último de la fila de fondo si le tocaba a él poner música y con el Chiquetete o Triana o Los Chunguitos si le tocaba a ella. Pero a la Ana Mari le daba igual y nos seguía amenazando con el abandono correctivo, así que mi padre y yo nos sentíamos con el derecho a imitar sus aspavientos en silencio en cuanto desaparecía, y cuando terminábamos yo me quedaba siempre pensando en a dónde se iría si un día se fuera, en que una vez me había dicho que le gustaba mucho el Monasterio de Piedra de Zaragoza, que la llevó su padre unas ferias, así que igual se iba allí.

Además de pintando molduras con acuarela, aquel verano me lo pasé entero retándome a hacer anchos buceando sin sacar la cabeza en la piscina municipal. Si conseguía ida y vuelta no llegaría septiembre. También lo hacía con objetivos más cortoplacistas —si hacía solo ida habría macarrones de comer, cosa que no solía ocurrir pero no importaba—, pero sobre todo pedía que no llegara septiembre, porque no sabía leer y los niños de Aranjuez, al ser de Madrid y ser de un pueblo de casi cuarenta mil habitantes sin viejas que vivían en cuevas, sabrían leer seguro.

Pensaba todo el tiempo en ello y me lamentaba todo el tiempo por ello, y les reprochaba a mis padres no haberme enseñado a leer y haberme llevado a un colegio de un pueblo de Toledo en vez de a uno de un pueblo de Madrid. Mi abuela María Solo me consolaba y me decía que no pasaba nada y que seguro que había más niños que no sabían leer, pero yo no me lo creía.

Mi terror a ser la única niña analfabeta de la clase hizo que se pasara las semanas que me fui con ella y con mi abuelo Gregorio de ferias leyéndome un libro de El barco de vapor de tapa blanca que se llamaba *Papá ya no vive con nosotros* y que contaba la historia de Pablo, un crío cuyos padres se separaban. Nos solíamos poner a hora de la siesta e intentaba que aprendiera a hilar más de dos sílabas, pero enseguida aparecía alguna vecina de caseta a tomar café o se tenía que poner a quitar el polvo o preocuparse por que mi abuelo no rellenara las latas de Coca-Cola con vino para que no nos diéramos cuenta de que estaba bebiendo y cuando volvíamos a la historia de Pablo ya no sabíamos por dónde lo habíamos dejado ni por qué se separaban sus padres.

Solo me tranquilizaba cuando mi tito José Mari, que era el único de los hermanos de mi madre que había llegado a la universidad, me decía que no me preocupara y me contaba que él tampoco sabía leer con mi edad. José Mari era el único varón entre cuatro mujeres, mis titas, y el único que no había dejado de estudiar en BUP. «Mi José Mari es que está en la universidad», le oía a mi abuela contarle a Shaid, que vendía tambores en verano y en invierno volvía a Senegal con el dinero que había hecho en las ferias. O a Ginés el del baby, porque así era como se llamaba en la feria a los carruseles. Decir «tiovivo» era para los que venían a la feria, los que éramos la feria lo llamábamos «baby».

Fue en un baby donde conocí a Mari Luz, una niña de diez años que se parecía mucho a Melody aunque Melody aún no era famosa, esto lo pensé después. Tenía una caseta de tiro y un hermano más pequeño que yo y por las noches, cuando en su caseta se encendían las bombillas, ayudaba a sus padres. Por las mañanas jugaba conmigo y me invitaba a su caravana, porque Mari Luz no dormía en la caseta como mis abuelos y como yo cuando estaba con ellos: tenía una caravana. Hacíamos pulseras de hilo y me ponía sus camisetas, que a ella le quedaban por encima del ombligo pero a mí no, y me contó que el 85 del luminoso de su caseta era por el año en el que se habían casado sus padres y me enamoré de ella como se enamoran las niñas de otras niñas más mayores, queriendo parecerse a ellas, queriendo ser ellas. Cuando estaba hinchando globos en la caseta de tiro o colocando las miniaturas de las botellas de Larios en los estantes de chapa y me veía llegar, me sonreía y me dejaba pasar y me alzaba un poco en brazos y lo sublime no podía ser otra cosa más que esa. Lloré mucho el día que me despedí de ella mientras de fondo sonaba seguramente Camela y aquel fue mi primer amor de verano.

Aunque conseguí varias veces hacer ida y vuelta sin sacar la cabeza en la Piscina Municipal de Ontígola, llegó septiembre y llegó el primer día de colegio. Me entró fiebre de los nervios porque no había aprendido a leer, pero mis padres, que sabían que cada cumpleaños y cada seis de enero me entraba fiebre de los nervios, me llevaron a clase igualmente.

Cuando la profesora, que se llamaba Rosa, nos preguntó qué habíamos hecho en verano, rodeada de una veintena de niños a los que no conocía, no hablé de Mari Luz ni de que me había pasado varias semanas durmiendo con mi abuela María Solo y mi abuelo Gregorio en una caseta, ayudándoles a descargar la Mercedes, lavándome en una palangana y andando descalza hasta la fuente en la que cogíamos el agua mientras mi abuela me gritaba que no fuera descalza, que me iba pinchar e iba a coger el tétano. No hablé de nada de eso porque me daba vergüenza, no fueran a pensar que éramos gitanos y que por eso yo no sabía leer, porque eso era lo que, fuera de la feria, había oído que éramos los feriantes.

Cuando me tocó el turno dije que había estado en la playa con mis padres, y cuando me preguntaron en qué playa respondí que en la de La Mata, que era lo que había dicho otro niño que había respondido antes que yo. Gritó «pues no te he visto» y antes de que la profesora lo llamara al orden sentí por primera vez lo que era la sospecha y me acordé de eso que me decía mi abuela María Solo de que «las mentiras tenían las patas muy cortas», así que durante años intenté alargarlas lo máximo posible. Por lo pronto, ese día intenté no cruzarme en el recreo con el niño que sí que había ido a La Mata, para que no me preguntara qué había en ese sitio, porque nunca había estado allí. Ni siquiera había pisado nunca una playa.

La Ana Mari es como el universo: se expande

De la universidad me llevé muy pocas cosas, en parte por mi culpa y en parte por culpa de la universidad, pero me llevé dos que hicieron que valiera la pena: el orgullo con el que mi abuela Mari Cruz le decía a la Tere que estaba estudiando para periodista, como si eso se pudiera estudiar, y a Jimena.

De Jimena me gusta que tiene la piel muy blanca y con muchos lunares, que siempre usa fulares y que se fija mucho, que se fija solo en aquello que los demás pasamos por alto, lo que le hace encontrar casualidades y revelaciones todo el tiempo. También que se ríe mucho y que me hace reír a mí y a todo el que sepa entenderla. En cuarto de carrera, en la asignatura de Radio, teníamos que hacer un magazine y se le ocurrió que podíamos llamarlo *Cadena Perpetua* y que podíamos entrevistar al técnico de sonido, el Chispas, que además le gustaba aunque era muy flaco y muy despeluchao, y hacerle las preguntas de una entrevista a Juan Diego Boto en la contraportada de *El País*. Así fue y el pobre Chispas, que seguramente accedió porque éramos un grupo de cinco chicas de veintipocos, se vio abocado a responder a cuestiones como «¿Usted es del método?», «¿por qué los argentinos odian a los españoles?» o «¿de joven era un poco canalla?» ante los micrófonos del estudio de la universidad.

Una tarde al salir de la presentación de un libro en el garito de la CNT, algunos años después del día en que nos conocimos, en primero de universidad, Jimena me contó la historia de su familia. Me habló de la fortuna de sus bisabuelos, de apellidos de dos pisos y del casoplón de su abuela en la Gran Vía de Bilbao. De cómo poco a poco al taco de las escrituras de sus tierras familiares le fue entrando anorexia y de cómo fueron de las primeras familias de España en viajar en avión. Su madre era azafata y su padre sobrecargo de Iberia y ella empezó a estudiar Ingeniería Aeronáutica, pero solo hizo un año; después se cambió a Periodismo y por eso la conocí.

Me contó también que, como su familia materna era rica, pensaba que su historia familiar no merecía ser contada y por eso apenas la contaba y yo le respondí que bueno, que al menos en el relato siempre es más fácil ser David que Goliat, sobre todo en un mundo que se parece cada vez más a una competición de plañideras.

Quizá porque la mía no es rica Jimena me pregunta siempre tanto por ella. Entrevistó a mi padre y a mi madre porque andaba escribiendo un guion con José Cabeza, nuestro exprofesor de guion en la universidad, y el protagonista era cartero, así que tenían que recopilar información sobre la profesión. Fueron entonces a casa de mi padre a preguntarle cómo era el día a día en una cartería y en qué se diferenciaba el correo certificado del ordinario, pero cuando descubrieron que desayunaba Cola Cao con leche, miel y azúcar y que se le empañaban los ojos, tan azules, al recordar al cartero que iba a su casa cuando era crío porque les traía noticias de su padre, de mi abuelo, que vivía en Alemania, se enamoraron un poco de él. Cayeron definitivamente en sus redes cuando les dijo que, si querían inspirarse, lo que tenían que hacer era ir a ver a la Ana Mari. «Porque la Ana Mari es como el universo: se expande», les dijo. Y acabaron inspirando un poco el personaje de la película en mi padre, no solo por cartero.

Lo que les gustó no fue aquella frase dedicada a su exmujer, sino que no se diera cuenta de lo que estaba diciendo, de cómo lo estaba diciendo. Mi padre no es nunca consciente del lirismo porque vive instalado en él, es su estado natural y el medio en el que vive. Un invierno de hace dos o tres años nos contó que tenía unos búhos majestuosos y nos escribía a mi hermano y a mí por el grupo de WhatsApp que había ido a ver a sus búhos majestuosos y nos mandaba fotos muy pixeladas de sus búhos majestuosos porque tenía que hacer zoom: estaban en lo alto de un edificio cerca de su casa. Siempre en el mismo y siempre en la misma posición. Cuando iba a comer con él, algunos domingos, nos llevaba a mí y a mi hermano a ver los búhos nada más acabar, y cuando le decíamos que eran de plástico nos respondía que no, que los había visto volar un poco un día. Cuando dejamos de decirle que eran espantapalomas nos dejó de llevar a verlos, supongo que porque consiguió finalmente su objetivo, que no era que creyéramos que sus búhos majestuosos fueran de verdad, sino en la verdad que él había inventado para nosotros sobre sus búhos majestuosos. «Mirad qué plumaje», nos decía, y mi hermano y yo nos reíamos y nos miraba indignado. Una tarde que fuimos a verlos uno tenía una bolsa de plástico enganchada, pero mi padre la obvió y nosotros también.

Jimena y José Cabeza acabaron pidiendo cita donde la Ana Mari e hicieron lo que mi padre les recomendó: «id con hora estipulada de salida, poned un límite, inventaos que tenéis que hacer algo para poder iros de su casa en menos de diez horas». También acabaron, después de esa tarde que pasaron en su casa, inspirando un poco el personaje de la exmujer del cartero en ella, la exmujer de mi padre.

En los días siguientes a la visita de «los guionistas» —así convino en llamarlos la Ana Mari y les habló de ellos a cada uno de sus compañeros de la cartería, seguramente varias veces—, mi madre, que reparte la sección 13, y mi padre, que reparte la 19, compitieron ante los ojos del resto de carteros por saber en casa de quién habían pasado más tiempo, quién les había dado más material o quién sería más protagonista en esa película. Mi padre decía que quería que su personaje lo interpretara o Benicio del Toro o Pepón Nieto y la Ana Mari seguramente se reía mucho al escucharlo mientras embarriaba, que es como llaman los carteros a colocar las cartas. Mi padre y la Ana Mari se separaron cuando yo tenía doce años y Javi tres, y prácticamente desde entonces comparten oficina, porque mi madre dejó la de Ontígola para irse a la de Aranjuez.

Cuando le entregaron el borrador del guion al director, el director les dijo a Jimena y a José Cabeza que el personaje de la Ana Mari no podía ser. Que aquello era un cliché cinematográfico, una cosa almodovariana, que

nadie repartía con lecciones de un máster en Psicología o meditaciones en el MP3 ni las alternaba con cantar en alto canciones del Parrita mientras empujaba el carro amarillo. Cuando Jimena me lo contó le dije que llevara a la Ana Mari a la próxima revisión de guion. Cuando mi hermano le contó a la Ana Mari que habían dicho que su personaje era un cliché cinematográfico y que alguien así no podía existir, la Ana Mari se rio muy fuerte y durante mucho rato y durante los días siguientes le iba diciendo a todo el mundo: «¿Sabes qué dice de mí el director de los guionistas? Que soy un cliché cinematográfico»; eso decía, y seguramente se reía siempre con la misma fuerza e igual de alto que cuando Javi se lo contó, porque la Ana Mari se ríe muy alto y habla muy alto y si le dices que habla muy alto te responde que «es su tono de voz».

Cuando mi padre les dijo a «los guionistas» que la Ana Mari era como el universo porque se expandía les dio probablemente la definición más exacta que pueda hacerse de ella, porque cuando la Ana Mari está en algún lugar lo llena todo. Su risa y su acento de ningún sitio (dice que ella es nómada porque creció de feria en feria, y su dicción y su habla revelan que no miente) y la manera en la que repite en alto las supersticiones de mi abuela María Solo y en que explica con todo detalle cada situación que vive y lo que sintió en cada momento invaden cada esquina, cada hueco, cada grieta sin que nadie pueda hacer nada para evitarlo.

Me reconcilié dos veces con ella: la primera, cuando la dejé de llamar Ana Mari y empecé a llamarla mamá, con seis años, porque me di cuenta de que todo el mundo tenía una madre y yo una Ana Mari; la segunda, cuando «los guionistas» la entrevistaron y el director les dijo que era un cliché cinematográfico y a ella le encantó y Jimena se pasó meses hablándome de la suerte que habían tenido de encontrarla. Comprendí entonces que no, nunca había tenido una madre, algo que, durante los años en que la llamé mamá, siempre me había asustado un poco. Porque aunque la llamaba mamá seguía sin serlo del todo, porque no era como las otras madres. La Ana Mari nunca me decía que me abrigara ni que no llegara tarde a casa ni que no anduviera con tal o cual compañía ni me preparaba el desayuno para llevarme al recreo ni me hacía túpers cuando dejé de vivir en su casa. Eso lo hacía mi padre, quizá porque mi padre había crecido en un clan, arando la misma tierra y escardando la misma remolacha invierno tras invierno, pero mi madre pertenecía a una comunidad errante y buhonera, sin horarios ni raíz alguna salvo la que agarra en el corazón, sin más seguridad que la de no tener jamás una rutina. Pero eso lo entendí después. Durante muchos años, en el colegio y en el instituto, me daba envidia cuando mis amigos llamaban pesadas a sus madres, porque sabía por qué era y lo interpretaba como una forma de amor que la Ana Mari no me profesaba.

A mis amigos seguramente les ocurriría a la inversa, seguramente me envidiarían a mí por tener a la Ana Mari. La madre está siempre condenada al reproche porque es el amor primero, el amor puro y el dolor sobrevenido de no poder ser el otro, de no poder ser uno con el otro, imposible siempre de satisfacer. La decepción primigenia viene, como el amor primigenio, de la madre.

Hace cinco años a la Ana Mari le habló por Facebook el Nacho. Por *el* Facebook, como lo llama ella, donde comparte mayoritariamente postales de los molinos de Criptana con marca de agua, vídeos de una página que se llama «Correos en lucha» y fotografías de budas o mandalas con textos impresos de otra que es «El arte de vivir despiertos». Nacho, el Nacho, el Halcón, fue su primer novio. El Halcón es su apodo y así lo llama mi padre cuando quiere vacilar a mi madre porque la relación de mis padres, más de diez años después de haberse separado y viéndose ocho horas de lunes a viernes cada día, se basa un poco en eso: en vacilarse.

«Pregúntale a tu madre qué tal hoy, que se ha vuelto con cuarenta certificados sin repartir», me dice a veces mi padre cuando lo llamo, y cuando se lo digo a la Ana Mari empieza a hacer aspavientos —no lo veo porque es por teléfono, pero lo sé— y a gritar al otro lado y a hablarme sobre la precariedad laboral y sobre la privatización de Correos y sobre Amazon y sobre lo idiota que es la gente y sobre cómo la decadencia de Occidente era pedir por Aliexpress veinte tapones para la bañera porque están a cincuenta céntimos la unidad en lugar de bajar a los veinte duros a comprar uno.

La Ana Mari conoció al Nacho en la feria de Manzanares cuando tenía quince años. Él no era de familia ferianta, trabajaba para Rafael Bustos, que era de Santa Cruz de Mudela, el pueblo del Nacho, y también vendía juguetes y navajas pero no bisutería. Porque el grueso del negocio de mis abuelos eran los juguetes, pero también llevaban alhajas y bolsos y carteras de cuero, alguna navaja y cinturones. El verano que conoció al Nacho la Ana Mari dejó el colegio, porque si se volvía a Criptana en septiembre después de las ferias para matricularse junto a sus hermanos, que era lo que solían hacer cada año, no veía al Nacho ni en la feria de Gandía ni en la de Gerona, así que decidió no volver y hacerse ferianta a tiempo completo, no ir más a clase y dedicarse a hacer mercadillos en invierno, romerías en primavera y ferias en verano. Acabó mientras tanto un curso de mecanografía y cuando conoció a mi padre hizo un taller de costura y se dedicó durante unos meses a coser y a planchar. Poco después de nacer yo, a los veintidós, entró de cartera.

Pero cuando se reencontró con el Nacho, que tampoco se dedicaba ya a la feria, era camionero, la Ana Mari tenía ya una carrera acabada, Psicología, que la hizo a la vez que yo pero por la UNED y mientras trabajaba sus ocho horas y cuidaba de mi hermano.

En aquellos primeros meses de reencuentro, Mónica, una compañera de la Ana Mari, les hizo un fotomontaje con una foto de los dos sonriendo a cámara, otra de dos halcones y otra de la portada de *Lady Halcón*, la película de Michelle Pfeiffer. Desde entonces la Ana Mari la tiene de foto de perfil de WhatsApp y estos Reyes le regaló al Nacho dos álbumes Hofmann que encargó y diseñó ella misma por internet con esa foto y otro montón más. Las ordenó geográficamente, dos o tres páginas de fotos por cada uno de los sitios que habían visitado juntos, y rotuló en cada una de las páginas el lugar: Algarve, Segovia, Sevilla, Asturias..., intercalando regiones, comunidades y ciudades, según el caso. Tienen tantas fotos juntos y en tantos lugares distintos porque cuando la Ana Mari coge vacaciones se va quince días con Nacho en el camión y los otros quince, cuando él pilla las suyas, se van a algún lado. Mientras él conduce ella lee o hace punto, y le da igual que le digamos que es peligroso hacer punto en un camión porque ha crecido en uno, por eso le encanta irse en verano con el Nacho y dormir quince noches en el remolque rodeada de naranjas, de cebollas, de aceite o de lo que toque.

Sobre esto estábamos hablando el día que decidí dejar de llamarle mamá y que volviera a ser la Ana Mari. Fue en Criptana. Estábamos comiendo en la terraza del bar de La Plaza con ella, con el Nacho y con mis titas, sus hermanas. También estaba mi amiga Sara, que había venido a pasar el día con nosotros. Contaba, mientras todos la mirábamos, que a los gitanos del barrio en que reparte les dice que es merchera para que la respeten y no le roben el carro, que ya le pasó una vez. «Y claro, me ven con este pelo y estos ojos y que llevo el flamenquito en el móvil, a veces Los Chichos, otras El Barrio, otro día pongo rumba o les canto y me creen. Además, que yo sé hablar algo de caló, que lo aprendí de las gitanas de la feria de Gerona porque allí había muchas. Entonces me pongo muy seria si me preguntan que si soy gitana y les digo que no, que soy merchera, porque eso les asusta aún más», decía.

Y aquel mediodía, frente a un plato de castillos, que es como llaman en Criptana a las tiras de pollo empanado, me di cuenta de que la Ana Iris menor de seis años estaba en lo correcto. No podía referirme a ella como mamá. No podía relegarla a ser solamente eso ante el mundo porque para mí, de hecho, nunca había sido solamente eso. A alguien que se expande, como el universo, no se le puede arrebatar el nombre.

Lo sagrado y lo profano

La historia que emocionaría
a Juan Manuel de Prada

Una de las primeras veces que Cynthia se quedó a dormir a mi casa la llevé a misa para comulgar. Ni ella ni yo estábamos bautizadas y de hecho ella no se bautizó nunca pero yo sí, cuando, con nueve años, decidí hacer la comunión. Me tuvieron que apuntar a Religión también, porque hasta entonces yo iba a Ética con Sofía y con Pablo, que éramos los únicos que nos salíamos de clase cuando llegaba Montse, la profe de Reli. Nos llevaban al despacho del jefe de estudios del Vicente Aleixandre y allí nos poníamos a hacer los deberes o a dibujar, depende del día.

Decidí hacer la comunión pero no sé si decidí creer en Dios, o no sin dudas. En mis primeras clases de Religión y en la catequesis me dedicaba a preguntarle a Montse y a Dolores, que era mi catequista, que si Dios existía por qué había pobreza, que por qué no nos había hecho perfectos y nos cagábamos y nos meábamos y montábamos guerras, que por qué había gente sin brazos, como mi tita Vane, la hermana menor de mi madre, que había nacido sin un brazo y a mi abuela María Solo se le había subido la placenta al ver que había nacido así y que menuda filfa serrana de creación si había dolor y pena y muerte.

Ellas respondían, pacientes y como podían, mis preguntas, seguramente con la esperanza de que un día cesaran y evitando pensar en que aquello ya lo reflexionó Lucifer y un tercio de los ángeles estuvieron a su favor. Al fin y al cabo era la hija conversa de un ateo monoteísta, porque mi padre no era ateo, sino que creía fervorosamente en el ateísmo. Total, era una niña que había sentido, eso pensaban, supongo, la llamada de Dios con todo en contra. Años después me contarían que pillaron a una de mis primas pequeñas rezando a escondidas en su cuarto, con apenas cinco años, las rodillas clavadas en el suelo, las manitas cogidas la una a la otra «para que no la viera papá porque a papá no le gusta que rece».

Yo en lugar de rezar iba a misa a escondidas. Lo empecé a hacer dos años antes de la comunión, con siete. Había unos cincuenta metros entre la puerta de mi casa y el portón de la iglesia de Ontígola, que don Gumersindo, el cura, cerraba cada tarde sin saber que yo lo miraba desde la ventana de mi habitación. También miraba a las viejas que entraban a misa de siete entre semana y los domingos miraba a las familias que iban a misa de doce, hasta que un día le dije a la Ana Mari que me iba a la fuente, que era donde me pasaba las horas muertas chutando una pelota contra la pared, pero en realidad fui a misa.

Me senté en uno de los bancos de atrás, en la esquinita, por si tenía que salir corriendo en algún momento, y cuando don Gumersindo empezó a repartir las hostias me puse en la fila con las viejas. Cuando llegó mi turno no preguntó y me metió la oblea en la boca porque no puse la mano. Algunas viejas ponían la mano y otras la boca, y a mí me parecía que poner la mano no era una forma digna de ingerir por vez primera el cuerpo de Cristo. Lo primero que pensé al comérmelo fue que se me había pegado al paladar y no se me iba a despegar nunca y que iba a tener que aprender a vivir con el cuerpo de Cristo en el cielo de la boca y que a ver cómo se lo escondía a la Ana Mari y a mi padre, sobre todo a mi padre. Lo segundo, que el cuerpo de Cristo sabía a los billetes de mil pesetas de chuche que vendía la Natalia, la señora que tenía el quiosco en la plaza Mayor, justo enfrente de la iglesia. Lo tercero, como consecuencia de lo anterior, que ahora entendía por qué la Ana Mari siempre andaba diciendo que «ella creía en Dios, pero no en la Iglesia, porque a la Iglesia solo le interesa el dinero y son unos fariseos y si volviera Jesucristo les cerraba el chiringuito». Normal. Hacían pasar los billetes de mil pesetas que vendía la Natalia por su cuerpo hecho trocitos.

Entonces concluí, como todas las tardes en las que fui a misa que vinieron después, incluidas en las que llevé a Cynthia, que don Gumersindo creía que yo ya había hecho la comunión porque los niños de Ontígola la hacían un año antes que los de Aranjuez, y que por eso me dejaba comulgar. A Cynthia no la conocía, así que llevarla no era peligroso. Lo de si era extraño o no que una niña fuera sola a misa ni me lo planteaba.

Me gustaban los sermones de don Gumersindo, aunque en ocasiones me asustaba y pensaba que por eso mi padre no creía en Dios, porque daba miedo a veces. Otras era bonito, era como estar en casa, y pensaba entonces que por eso mi abuela María Solo creía en Dios, porque al ser ferianta era su única casa y porque Dios era bueno como nadie y nos quería más que nadie y nos perdonaba siempre a todos, como ella.

De misa también me gustaba mimetizarme con las viejas, santiguarme con el agua de la pila al entrar a la iglesia, sentarme y cerrar los ojos y sentir que los pulmones se me llenaban de incienso y levantarme cuando me decían que me tenía que levantar y sentarme cuando me decían que me tenía que sentar, porque aunque con Dios tenía mis dudas, en lo que sí decidí creer fervorosamente con nueve años fue en los rituales. Y llegar a casa, también me gustaba llegar a casa y guardar el secreto, no poder contarle a nadie que había estado en misa, que también era un ritual, el del silencio. A nadie salvo a Cynthia, a la que el primer fin de semana que se quedó a dormir a mi casa le conté que era una hereje del ateísmo monoteísta.

Cynthia y yo nos conocimos en primero de primaria, cuando yo me cambié del Virgen del Rosario de Ontígola al Vicente Aleixandre de Aranjuez. Ella siempre había ido al Vicente Aleixandre y en el colegio no andábamos mucho juntas porque ella se iba con Samuel, con Sagrario y con Daniel Vergara, que eran de su barrio, El hoyo. Cuando había obras en El hoyo los gitanos les hacían puentes a las excavadoras y a las tuneladoras para robar la gasolina; eso me contaba Cynthia cuando iba a su casa. El día que Mayweather combatió contra McGregor, años después, un vecino se sacó la tele al templete, el epicentro del barrio, el foro en torno al cual se disponían las decenas de bloques de VPO de El hoyo, y se puso a verlo con tres o cuatro colegas. Eso lo sé porque lo vi, porque entre los siete años y el presente nunca he dejado de ir a casa de Cynthia ni Cynthia de venir a mi casa.

Es raro cuando le tengo que explicar a alguien quién es Cynthia, porque decir que es mi amiga ni es del todo verdad ni es del todo justo. En segundo de la ESO soñé una noche que entraba a un bar y que cuando salía me encontraba a la Cynthia niña, a la de siete años, con su pelo tan liso y tan rubio y sus dientes y sus ojos tan grandes, y le tenía que explicar quién era yo y en qué iba a convertirse para mí, en qué íbamos a convertirnos juntas. Aún lo pienso a veces, aún me pregunto qué le diría, cómo le explicaría lo que es la mímesis y lo que es la amistad y compartir la vida a la Cynthia niña.

Un día de este verano fuimos a cuidar a Melón, el gato de Jaime, uno de nuestros amigos del instituto que estaba de vacaciones, y Cynthia me dijo que tenía que contarme algo que había estado pensando esa semana. Yo le respondí que también andaba con un pensamiento rumiativo y cuando me dijo «tú primero» le expliqué con un poco de miedo que igual nos habíamos igualado por el lado malo. Que yo lo que quería era ser «un poco mujer florero». Creo que en realidad no quería decir mujer florero, sino ama de casa, pero también sé que a Cynthia me atrevo a confesarle incluso mis pensamientos más oscuros, los que ni siquiera soy capaz de verbalizarme a mí misma, si es que el pensamiento es palabra.

Ella abrió mucho los ojos, aunque realmente siempre los tiene muy abiertos, y me dijo que en lo que ella andaba pensando era exactamente en eso, solo que le veía una pega: la independencia económica. Hablamos entonces de la flamante moto que se nos había vendido con lo de la incorporación de la mujer al mercado laboral como vía emancipatoria y de que igual no teníamos que haber reclamado trabajar también nosotras a cambio de un salario, sino que ellos trabajaran menos, de quién maneja los hilos del progreso y de a quién beneficia y de que daríamos nuestro pequeño reino por una definición concreta y precisa del término.

Acabamos, como siempre, yéndonos por las ramas y despotricando contra el Satisfyer porque no es sino una manera de abrazar la precariedad también en lo sexual y de desvincularnos en nombre de nuestra libertad y de empoderarnos en nombre del sexo vacío y del «bonobocapitalismo», que es un término que se ha inventado mi amigo Gonzalo, que está en contra del porno y de la masturbación y de muchas otras cosas que ahora no vienen a cuento.

Después el orden del día viró hacia que si estábamos intentando derruir el mito del amor romántico —que en realidad no es un mito, porque nada puede ser creado de la nada y antes que Blancanieves, amiga, fue Penélope tejiendo y destejiendo— no era porque fuera dañino —que no lo negábamos tampoco, todo tiene sus cosas—, sino porque éramos y somos unos mediocres y a los mediocres no les gusta intuir nada que aspire a lo sublime o a lo épico. Así que trabajan —trabajamos— constantemente para destruir cualquier atisbo de ello. Para hacer como que todo lo relacionado con ello —el amor romántico, por ejemplo— nunca debió existir. O peor aún: como que nunca existió.

Concluimos, extasiadas y con un gato acostado entre nosotras en un sofá que no era nuestro, sino de Jaime, que queríamos tener hijos y poder cuidarlos, no pagarle cuatrocientos euros al mes a otro para que los criara, y en que para gustar los hombres tienen que *hacer* pero a nosotras nos basta con *ser* y en la posibilidad de que toda mujer ame a un fascista como escribió Sylvia Plath y en que Sylvia Plath también escribió que se preguntaba si no era mejor «abandonarse a los fáciles ciclos de la reproducción y a la presencia cómoda y tranquilizadora de un hombre en casa», así que a ver cuánto tardaban en mandarla a la hoguera. Hablamos de eso y de muchas cosas más que, de haber sido filmadas y colgadas en Twitter o de haber sido expresadas, simplemente, en presencia del resto de nuestras amigas, habrían hecho que nos acusaran de algunas cosas.

En el colegio Cynthia y yo no teníamos aún las mismas amigas. Inés y Sara y Tamara llegaron después, en el Instituto. En el colegio yo me iba con Sofía y con Lucía de lunes a viernes, pero los fines de semana eran para Cynthia desde que una mañana nos encontramos en la plaza de la Constitución de Aranjuez. Ella iba con su madre, la Pepa, y yo con la Ana Mari. Veníamos de probarme un traje de comunión y mi padre no se había venido porque mi padre estuvo enfadado desde el día en que decidí hacer la comunión hasta que la hice y probablemente también los días de después y seguramente aún se enfade cada vez que se acuerda. También se enfadará seguro cuando recuerde que tuvieron que bautizarme unas semanas antes y que todo el mundo pensaba, claro, que al que iban a bautizar era a mi hermano, que era un bebé, pero de pronto salí andando yo hacia la pila bautismal y toda la iglesia se quedó de patata.

A la Ana Mari no le importaba tanto que hiciera la comunión porque mi abuela María Solo así lo habría querido y porque «ella creía en Dios, pero no en la Iglesia» y «Jesucristo fue un personaje histórico que cambió el curso de las cosas». Mi abuela María Solo siempre les recriminaba a mis padres que me tuvieran de mora y era ella la que me llevaba a las procesiones en Semana Santa enfundada en un abrigo de piel de nutria que años más tarde, más de diez después de su muerte, heredé. Cuando metí la mano en el bolsillo para probármelo noté algo y saqué una bolsa de kikos a medio comer y me la imaginé en algún mercaíllo diciéndole a los niños que se acercaban al puesto «se mira pero no se toca» o yendo al hospital en sus últimos días, comiendo kikos y echándose las migas sobre los pelillos de esas pobres nutrias.

El día que nos las encontramos en la plaza de la Constitución la Ana Mari le contó eso a la Pepa, que había decidido que quería hacer la comunión y que mi padre tenía un disgusto que pa qué. Cynthia llevaba un patinete y le dije que yo tenía otro en mi casa y que por Ontígola otra cosa no, pero se patinaba mejor que en Aranjuez porque no había coches, que si se quería venir conmigo. Aquella fue la primera de veinte años de noches juntas, y al llegar a casa le anuncié que al día siguiente íbamos a ir a misa e íbamos a comulgar. En respuesta me echó la misma mirada que en el sofá de Jaime, solo que con ojos de niña, pero no me preguntó por qué quería hacer eso. Tampoco yo le preguntaba que por qué quería hacer eso cuando me ponía en su casa la cinta de *Sí al amor* de Lina Morgan. Su única preocupación, y así me la trasladó, era qué haríamos si nos pillaban, porque los niños que no habían hecho la comunión no podían comulgar, a lo que le respondí que no nos iban a pillar, que don Gumersindo pensaba que yo ya la había hecho porque los niños de Ontígola la hacían un año antes que los de Aranjuez. Y no nos pilló.

Cuando llegó mi comunión, a la única de mis amigas que invité fue a Cynthia, que decía que ella no la quería hacer, aunque iba a Reli, porque costaba mucho dinero. La ceremonia fue en la iglesia de San Antonio, enfrente de los Jardines de la Isla de Aranjuez, y la comida en Ontígola. La celebramos en El Litri, el bar al que los hombres del pueblo que salían a cazar con los galgos solían retirarse después a echar la caña. Iban siempre con ropa militar y dejaban siempre las liebres muertas en el suelo, entre palillos, servilletas y colillas.

En El Litri solía estar el Chichi, el tonto del pueblo, un hombre muy moreno, con el pelo muy graso y problemas de dicción del que se decía en Ontígola que, cuando iba al puticlub, las prostitutas le ataban una toalla al miembro para que hiciera tope porque podía rellenar con él un vaso de cubata y aun así le faltaba espacio. También se decía que se había liado con la Vanesa la Bigotuda, su homóloga femenina, y cuando la veía en el parque o en la plaza siempre me preguntaba si ella le habría puesto o no la toalla de tope porque yo esto lo sabía desde muy pequeña. Saber de niña cómo la tiene el Chichi y que ha intimado con la Vanesa la Bigotuda también es ser de pueblo, también es crecer en un pueblo de mil y pico habitantes; no todo es aire puro y saludar a todo el mundo y salir con el patinete y volver cuando cae el sol.

Además del bar en el que los cazadores dejaban las liebres muertas en el suelo, El Litri tenía unos salones decorados con cuadros de sus antepasados ontigoleños y un horno para asar cochinillo, y allí dispuso unas cuantas mesas muy oscuras con manteles de papel y celebramos mi comunión. Cynthia se sentó con mis primos, entre Pablo y Pedro. Ninguno de ellos salvo Marta y Rubén estaban bautizados ni habían hecho la comunión porque eran Simones. De parte de madre solo tenía a mi primo David; Eva y Marina llegaron después.

Pablo y María, los hijos de mi tía Ana Rosa y de mi tío Pablo, tenían sin embargo un paso de madera en miniatura que estaba en el corral de mis abuelos, debajo de su casa. Lo había hecho mi tío en su taller y luego Pablo y María lo habían decorado con espray. La cruz la habían pintado en naranja fosforito, las andas y la base en amarillo, también fosforito, y cuando los domingos nos juntábamos en casa de mis abuelos organizábamos a veces procesiones.

Isabel o María, que entonces eran de las primas más pequeñas, se subían al paso y hacían de Jesucristo poniendo los brazos en cruz y los ojos en blanco. Mario, Manuel, Alberto y Marta, algunos de los mayores, hacían de anderos. El resto cogíamos sarmientos de los de hacer lumbre e íbamos de nazarenos o una espuerta atada a un hilo pita y hacíamos del que llevaba el bombo y salíamos en procesión. No podíamos competir con Alberto, el hijo de la Tere, la vecina, porque él tenía un santo hecho en madera oscura, noble y barnizada, mientras que el nuestro estaba decorado con Pintiplus. Además, él no ponía ni a María ni a Isabel en la cruz para hacer de Jesús, sino a un Nenuco con sangre pintada, y se iba a la era a por flores y decoraba el paso con margaritas y amapolas y retales que le daba su madre, pero hacíamos lo que podíamos. Y aunque todos éramos hijos del ateísmo monoteísta no nos decían nada, porque en Dios no podíamos creer, pero sí en los rituales. Y al fin y al cabo eso es jugar. Creer —aún— en los rituales.

Jesucristo fue el primer comunista

Mi padre es comunista porque mi abuelo es comunista y mi bisabuelo murió exiliado en Francia por comunista. Llegó hasta allí tras escapar de la prisión de Valdenoceda, en Burgos, y aquel exilio y los años que mi abuelo pasó viviendo en Radio Comunista, la emisora del Partido en el pueblo, y arando al sol y trabajando desde Alemania en los setenta para mandar dinero a sus siete hijos y a su mujer, mi abuela, y recibiendo *Mundo Obrero* de tapadillo marcaron para siempre el linaje de los Simón. Cuando apenas sabía hablar, mi primo Sergio, el que duerme en una litera y arriba España, repetía todo el rato que «España mañana sería republicana y si era lista, comunista». Me atrevería a decir que todos los Simones tenemos, como mínimo, una foto haciendo «lo del puñete», que es como llama Carolina a sus cinco años a levantar el puño derecho cuando le dicen que levante el puño derecho.

De pequeña mi padre solía contarme que de crío, en el colegio, don Leonidio le pegaba con la regla el lunes por no haber ido a misa el domingo y que le hacían cantar el

Cara al Sol todos los días en el patio. Siempre acababa cantándomelo él a mí después, y sustituía el «en rojo» por «rojo», así que en lugar de decir «Cara al Sol con la camisa nueva que tú bordaste en rojo ayer», hasta bien entrados los veinte siempre pensé que decía «Cara al Sol con la camisa nueva que tú bordaste, rojo, ayer». Desde niña y durante años, cuando la escuchaba me imaginaba a cientos de presos políticos como mi bisabuelo bordando yugos y flechas, y cuando la cantaba en mi cabeza, porque al final, de tanto cantármela, mi padre consiguió sin quererlo que me la aprendiera, cantaba esa parte mal.

En primero de la ESO también me aprendí *Primavera*, uno de los himnos de la División Azul, porque María, la punki de mi clase, me ponía la versión de Estirpe Imperial en su MP3 no sé muy bien por qué y me parecía muy bonito eso de que un ángel fuera cabalgando con brío y valor y de que le cantaran a una patria que echaban de menos desde la lejana y gélida Rusia, porque una de las discusiones que tenía recurrentemente en la adolescencia con mi padre era por qué los obreros no podíamos tener patria, a lo que me respondía que él tenía más en común con un cartero francés o alemán que con Emilio Botín. A lo de por qué los comunistas parecía que no podían decir España sin sonrojarse directamente no me respondía o me respondía con la eterna pregunta, la de qué era España, y yo le decía entonces que España era precisamente esa pregunta, que nada más español que preguntarse qué es España y qué somos los españoles o incluso si existe tal cosa, si existimos.

En mis años de la ESO él me dejaba recortes de periódico en mi cuarto y yo le dejaba en el suyo cartas que hablaban de lo que yo llamaba «el régimen castrista» y él «la revolución cubana». Lo de Fidel y Falange lo pasábamos por alto, como lo de que en Cuba decretaran tres días de luto cuando murió Franco. Otra de las disputas que teníamos era sobre lo que yo consideraba símbolos nacionales a resignificar —«patria o muerte, papá, eso dice tu revolución»— y él «trapos que solo nos separaban» y que «cómo se iban a resignificar si los que llevaron al exilio a tu abuelo se llamaban nacionales y ondeaban esa misma bandera».

Años más tarde seguimos igual, solo que yo tengo un poco más de tacto, y lo tengo desde que me contó que en párvulos oyó a su maestro, don Leonidio, el que le daba con la regla los lunes, decir que su abuelo estaba en Francia exiliado porque había elegido ser «de los malos españoles». Mi padre, que era un niño, se lo creyó, y eso no hay ni argumento ni teoría que lo rebata. Pero cuando le mandé por WhatsApp el cartel de la presentación de «Disputar las banderas: los comunistas, España y las cuestiones nacionales», de Diego Díaz Alonso, me respondió lo siguiente:

[18:09, 1/10/2019] Aa Papa: Iris, tu bisabuelo le escribía una carta a tu abuelo, en el 75 del pasado siglo. En ella se lamentaba de estar exiliado fuera de su PATRIA. Literal. Yo la leí con 8 o 9 años y me dio un vuelco el corazón. Mi abuelo, comunista, represaliado republicano que había perdido la guerra hablando de PATRIA ¡de la española! El relato lo hacemos nosotros o lo hacen los otros. Imaginario, yo no sé, llámame escéptico. Y también eso lo dudo. El imaginario lo creáis los que sabéis escribir. A los demás se nos olvida.

Lo consideré una batalla ganada, años después, aunque fuera en formato ceros y unos y no en recorte. Mi hermano, que también está en el grupo de WhatsApp, no dijo nada a ese comentario. Con él suele discutir de cuestiones historiográficas porque mi padre lee a Insua y a Eslava Galán y a Roca Barea y dice que *La ruta hacia el dorado*, que nos la compró cuando Javi tenía seis y yo dieciséis, es leyenda negra, y que si a Martín Cortés, que era el hijo de una malinche, se le ordenó caballero de la Orden de Santiago, es que tan mal no lo haríamos y que mira, sin embargo, los ingleses. Javi se ríe y asiente, pero a veces se lo llevan los demonios, como cuando dijo que aquello no fue un genocidio, sino que «los pusieron a trabajar y algunos murieron», medio en broma medio en serio y con Anabel, que es su novia y es dominicana, al lado.

La primera vez que voté, en las europeas de 2009, cinco días después de cumplir los dieciocho y dos antes de selectividad, fue también la primera vez que mi padre delegó el voto en mi hermano. Él tenía entonces ocho años. Nació en el 2000, cuatro años después de que mi madre abortara y mi padre me enseñara el feto en el bote, y el día que nació fue el más feliz de mi vida. Yo tenía nueve y mi tita Arantxa, la segunda hermana más pequeña de mi madre, que era para mí una amazona porque era monitora en los scouts y por eso yo me hice scout, había venido a cuidarme a Ontígola mientras que mis padres se iban al hospital.

De camino al autobús que me llevaba al colegio apareció mi padre con el Clio, que fue el sucesor del Lada cuando lo desguazaron, y me dijo que quieta ahí. Que no iba a ir a clase, que nos íbamos al 12 de Octubre a conocer a Javi, y entonces pensé que Javi había nacido en Madrid así que no tendría que mentir como yo, que siempre decía que había nacido en Madrid porque me daba vergüenza que en mi DNI pusiera Campo de Criptana.

Cuando lo cogí en brazos me di cuenta de que tenía un montón de pelillos rubios en las orejas y de que parecía que había estado haciendo pesas en la tripa de la Ana Mari, porque tenía los brazos muy fuertes. También me di cuenta de que nunca querría a nadie más que a él, que nunca querría a nadie como a Javi y que cómo podía ser, si acababa de verle la cara, si acabábamos de conocernos. Durante los meses antes de su nacimiento estuve muy nerviosa y saqué dos cincos, uno en Cono y otro en Mates, y lloré mucho y Marcial, el conserje del colegio, me consoló al verme y me acompañó hasta la salida, con los dos exámenes con los dos cincos en la mano y se los di a mi padre y lloré más todavía. Marcial le dijo que no se preocupara, que es que estaba muy nerviosa porque iba a nacer el hermanito, que es lo que le dije yo a él cuando me preguntó que por qué lloraba.

A Javi mi padre solía llevárselo a la sede del Partido y le enseñaban a recitar a Lorca y a Hernández y a Marcos Ana y a cantar *La Internacional* y a decir que había muchos niños que se morían de hambre en el mundo y que por ellos había que combatir, pero que ninguno era cubano. Fue el encargado de entregarle a Concha Carretero, la rosa número catorce, que se libró del fusilamiento, su ramo de flores cuando le hicieron un homenaje en la sede del PCE de Aranjuez y fue el encargado de votar por mi padre desde los ocho y hasta los dieciocho que pudo votar él. La primera vez que lo hizo en su nombre y no en el de mi padre votó por Errejón y fue acusado de traidor, como cuando con diecisiete se metió en las Juventudes Libertarias y nos explicaba entre risas que «no nos rayáramos», que «era para matar al padre».

Pero la primera vez que votó, con ocho, eligió la papeleta del Partido Comunista, claro, porque aquello fue un gesto simbólico: todas esas tardes en la sede no fueron en balde. Javi llamaba a todos los del Partido como se les debe llamar: camaradas. El camarada Rafa, el camarada René (que era muy guapo), el camarada Gadafi (que se llamaba Ángel pero se parecía mucho a Gadafi solo que no llevaba a la Guardia Amazónica alrededor); y a mí aquello no me parecía bien del todo aunque me hacía mucha gracia. A veces acusaba a mi padre de adoctrinamiento pero otras me reía porque Javi pareciera un pionero y porque tuviera derecho a voto desde tercero de primaria y porque al final estaba de acuerdo con él: a los hijos hay que enseñarles lo mejor que tiene uno, y lo mejor que tenía mi padre, eso pensaba él, era la conciencia de clase.

La Ana Mari nunca le dijo nada a mi padre por inculcarle a Javi que la socialización de los medios de producción era la única manera, pero ella no era comunista. Era del realismo mágico, porque mi abuela María Solo era del realismo mágico y mi bisabuela era del realismo mágico. Y del sentido común. Solía decirme cuando me bañaba con ella, porque las cosas importantes me las decía la Ana Mari cuando me bañaba con ella, que lo de que mi padre odiara el cristianismo no tenía sentido porque Jesucristo fue el primer comunista. Ella, desnuda mientras me enjabonaba el pelo, teóloga de la liberación. A veces me cantaba «Escuela de calor» y otras «Me quedo contigo» en la bañera, y cuando le preguntaba que por qué tenía estrías en la tripa y me respondía que por mi embarazo yo me sentía culpable porque el resto de su cuerpo, pensaba, era tan bonito que no merecía esas estrías.

A la Ana Mari le gustaba José Bono porque fue durante décadas el Tomás Guitarte de La Mancha, el que la puso en el mapa e hizo que los niños manchegos tuvieran libros gratis y los viejos manchegos una sanidad que daba gusto. Cuando vino a Ontígola a inaugurar el nuevo Ayuntamiento la Ana Mari se hizo una foto agarrada de su brazo y empezó a llamarlo Pepe, Pepe Bono, como si se hubieran hecho amigos.

A su abuela, a mi bisabuela, me contaba la Ana Mari, le gustaba Adolfo Suárez porque era muy guapo, y aun cuando llegó la democracia seguía teniéndoles miedo a los aviones porque de joven cada vez que veía uno pasar tenía que irse corriendo al cementerio, que era el único lugar del pueblo a salvo de las bombas. Y por eso también le gustaba Adolfo Suárez, porque le había hecho tener menos miedo. A su marido, el abuelo de mi madre, lo pilló el bando republicano, y al hermano de su marido, el tío abuelo de mi madre, el nacional. Esto también me lo contaba la Ana Mari y me decía que por eso su familia no era «ni de los unos ni de los otros».

La Ana Mari tenía un tío misionero, uno de los hermanos de mi abuelo Gregorio, que había muerto en Nicaragua de hepatitis. En Criptana corrió el rumor de que se lo habían comido los negros y ella siempre me contaba que la primera Nochebuena que fue adonde los Simones, a casa de la familia de mi padre, aún no había nacido yo y mi tío Hilario le preguntó que si era verdad eso de que se lo habían comido los negros. Se llevaron muy bien desde entonces porque ella le debió responder que sí e Hilario la bautizó como la buhonera, por ser ferianta e hija de feriantes, por ser la chica de los Bisuteros.

Además del misionero, que se le murió, la Ana Mari también tenía un tío cura, Pepe Luis, y una Nochevieja de niña le canté «si los curas comieran chinas del río no estarían tan gordos los tíos jodíos» mientras mi tito José Mari y mi tita Arantxa se reían porque era una canción de Los Porretas y Evaristo que me habían enseñado ellos. Mi abuela María Solo se escandalizó y les regañó y les dijo que cómo le enseñaban eso a la niña y le pidió disculpas a Pepe Luis, que aunque era escolapio chinas del río no debía comer porque tenía bastante panza, y en el momento en el que le canté la canción tenía también una pila descomunal de cabezas de gamba en el plato.

Como las Nochebuenas las pasábamos con los Simones, las Nocheviejas las pasábamos con la familia de la

Ana Mari, con los Bisuteros, y mi abuela María Solo tenía una tradición: había que echar en la copa de champán algo de oro, un anillo o un pendiente, y solo entonces brindar y beber. También había que hacer tres papelitos con tres deseos para el nuevo año y quemarlos en un cuenco, así que yo crecí pensando que eso era lo que hacían todas las familias católicas, porque mi abuela María Solo creía mucho en Dios. También creía que si rompías un espejo tenías siete años de mala suerte y que si mis titas la miraban cuando hacía mayonesa y estaban con la regla la mayonesa se cortaba.

Mi abuelita María Solo siempre me contaba de un primo suyo al que habían tenido que desenterrar —la razón por la cual lo habían tenido que desenterrar no me la decía y tampoco yo la preguntaba— y al que le habían crecido las uñas y el pelo. Me hablaba de espíritus, de apariciones, de almas que se quedaban vagando por Castuera, que era donde ella había nacido aunque tuviera su casa en Criptana y viviera de feria en feria. También me decía que cuando ella se muriera se me iba a aparecer y que no tenía que tener miedo porque no me iba a hacer nada malo, pero que la Ana Mari no me iba a creer «porque la Ana Mari es una incrédula», eso me decía.

Cuando con cinco años a mi hermano Javi se le murió una rana que se había traído de un fin de semana en Ávila en una botella de Bezoya cortada y se puso a llorar, mi madre le dijo que no se preocupara, que le iban a hacer un entierro para que su alma subiera al cielo, como hizo el niño del Chimuelo años después, y Javi le dijo que vale entre lágrimas.

Entonces la Ana Mari inventó un ritual: sacó el Cristo que colgaba sobre la cama de mis abuelos, que lo había heredado ella cuando murieron, el cuaderno de su tío el misionero, que lo guardaba en el primer cajón de su cómoda, y cogió una rosa seca que tenía por casa y lo colocó todo en fila sobre la mesa del comedor, al lado del acuario con la rana muerta. Entonces puso en el DVD un disco de Ecos del Rocío con la *Salve rociera* y mi hermano le preguntó que quién era esa señora que cantaba tan bien.

La Ana Mari respondió que era un coro andaluz, no una señora, pero Javi señaló al frente y le dijo «no, esa señora, la que canta tan bien. Va vestida de monja pero sin lo de la cabeza». Y aunque la Ana Mari no veía a nadie comprendió enseguida que aquella señora que cantaba tan bien era su abuela, la madre de mi abuelita María Solo, o sea, nuestra bisabuela, que pasó sus últimos días con un hábito pero sin el velo en señal de duelo porque había muerto su marido, nuestro bisabuelo. Ni Javi ni yo la conocimos y ni a Javi ni a mí nos habían contado nunca que pasó así vestida sus últimos días. Nos habían contado que le gustaba mucho Adolfo Suárez porque era muy guapo y lo de las bombas y el cementerio, pero eso no.

Cuando ocurrió aquello la Ana Mari no tuvo miedo, o eso me dijo cuando me lo contó, como si fuera lo más normal, como quien cuenta que se ha encontrado con alguien a quien hacía tiempo que no veía. Pero yo tampoco lo tengo cuando, cada vez que me va a pasar algo bueno, sueño con mi abuela María Solo. Es la forma en la que se me aparece, en los sueños, siempre en los días previos a una buena noticia. Cuando la Ana Mari me contó lo del entierro de la rana y aquella señora que cantaba tan bien y que resultó ser nuestra bisabuela yo le conté lo de los sueños. Y me creyó, abuelita María Solo. Me creyó.

Patria, estirpe, linaje

Feria

Cuando más me gustaba la feria era por la tarde. Los puestos empezaban a abrir y los ruidos metálicos de los cierres se mezclaban con las primeras frases del de la tómbola, «y otra chochona, y otra chochona; si quiere la chochona, le damos la chochona». Mi abuelo Gregorio le daba a las cajas de juegos de té de plástico o a las muñecas con el trapo en la mano y el cigarro en la boca, mientras le decía a algún crío, sin quitarse el Bisonte de entre los labios, «llora un poco, hombre; llora, que si no lloras, no te van a comprar na».

Los luminosos de las atracciones se encendían sin que fuera necesario porque aún había sol, los de las berenjenas de Almagro empezaba a colocar las tinajas y el del carrito de Torre del Campo que llevaba gusanitos naranjas y chucherías y trozos de coco encendía los chorretes que los regaban para que no se quedaran secos. Entonces yo, que olía mucho a Nenuco porque mi abuela María Solo me había peinado con Nenuco en vez de con agua, sentía que era de la feria, que la feria me pertenecía y yo pertenecía a la feria porque sabía cómo se ponía en marcha, cómo era cuando nadie la veía. Siempre es así, supongo: para sentir que uno pertenece a algo o a alguien, o que algo o alguien le pertenece a uno, es necesario entender sus tramoyas.

Como había aún poca gente podía irme sola adonde las pistas americanas, que era mi atracción favorita, una especie de yincana con una piscina de bolas en un lado, un palo de los de los bomberos en otro y un suelo de colchoneta de plástico que a esas horas a veces quemaba. Siempre olía un poco a pies porque había que subirse sin zapatillas, y el verano que me regalaron las de plataforma, unas deportivas de terciopelo azul con la suela muy gorda y que a mí me parecían de mayor, me pasaba los quince minutos que transcurrían entre que entraba a las pistas americanas y el dueño tocaba el pito para que saliéramos mirándolas de reojo mientras me tiraba por los toboganes o me enganchaba de las cuerdas, no me las fueran a sisar. Ahora cuando paso por una feria siempre me fijo en ellas, en las pistas americanas, que tienen menos sentido que nunca porque desde hace décadas hay parques de ese tipo en cada pueblo y en cada ciudad y pienso en que menos mal que la María Solo murió antes de que se multiplicaran como setas.

Igual cuando más me gustaba la feria era a primera hora porque siempre sentí que había llegado tarde a ella, cuando se intuía que su brillo se apagaría pronto, cuando la olla y el gusano loco se habían empezado a oxidar y la gente ya no esperaba impaciente San Lorenzo o la Virgen del Rosario o la fiesta patronal que tocara para comprarse un ato nuevo y pasearlo por el ferial, sino para irse de vacaciones al Levante primero y a alguna capital europea después.

Crecí escuchando historias de una feria que ya no era, de pueblos que recibían con aplausos a los circos y a los zoos chicos y al Bombero Torero, que era un grupo de enanos recortadores con los que la Ana Mari tiene una foto que me encantaba de niña en la que van todos vestidos de rosa. Mis titos me contaban que cuando eran pequeños, mi Abuela María Solo y mi abuelo Gregorio les ponía a ellos un puesto aparte al lado del puesto grande; a la Arantxa le tocó de blandiblús y a la Vanessa, que era la hermana menor de la Ana Mari y mi tía favorita porque me llevaba solo nueve años y fue lo más parecido a una hermana mayor que tuve nunca, le asignaron uno de cajas sorpresa.

Cuando la Vanessa era pequeña, mi tito José Mari y su primo Juanma la pusieron unas ferias a pedir dinero en un banco, porque a la Vanessa le faltaba y le falta medio brazo. Nació así, aunque si el que le pregunta que por qué no tiene medio brazo es un niño, le responde que se lo comió un tiburón. Nunca quiso usar una prótesis, ni de mayor ni de niña, y por eso mi tito José Mari y el Juanma pensaron que siendo manca y tan pequeña, la gente le echaría mucho dinero si la ponían a pedir. Y eso hicieron, con tan mala suerte que no solo no le echaron, sino que mi abuela María Solo los pilló y les dio una buena tunda y les dijo que como lo volvieran a hacer no iban a tener feria pa correr y que no hacía carrera con ellos y que hay que ver cómo eran, que solo con soportarles ya se tenía el cielo ganao.

En las ferias que yo conocí ya no había enanos recortadores ni zoos chicos y a mí ni siquiera me pusieron mi propio puesto, porque lo de hacer trabajar a los niños, como lo de la explotación animal o lo de los saltimbanquis con acondroplasia, empezaba ya a estar mal visto en los noventa. El progreso trajo consigo, además de rotondas y chalés adosados con las puertas de madera clarita y supermercados que ya no olían a animal muerto, una ola de crueldad, y la trajo no al mundo, sino a nuestros ojos, que de pronto empezaron a ver víctimas que antes no veían y dichosos los que sufren y Mateo 5, 4.

La única vez que vi animales en la feria fue cuando vino un tiovivo de ponis y mi abuela se pasó tres días compadeciéndose y «ay pobreticos, tú fijate, con la calor que hace» a la hora de la siesta. La Ana Mari siempre me hablaba de la Tuta, la Tota y la Fátima, tres hermanas feriantes que tenía ella de amigas y que llevaban en su zoo chico hasta una boa y un mono muy listo, pero en las ferias que yo conocí no había rastro ya ni de la Tuta ni de la Tota ni de la Fátima, ni mucho menos de su boa o de su mono, y por eso siempre tuve la sensación de haber llegado tarde a la feria.

Por eso y porque además de historias de ferias que ya no eran también crecí escuchando a mi abuela María Solo hablar de dinero todo el tiempo, de trampas, que era como llamaba ella, que era extremeña —«de Castuera, donde la que no es puta es turronera y nosotras somos turroneras, eh»—, a las deudas. Que si «no tenemos más que trampas», que si «cuando nos muramos no os vamos a dejar más que trampas». No había día que no hablara de trampas, por lo bajini o en alto, con mi abuelo Gregorio o con su hermana la Toñi, que cuando estaban en casa en vez de en la feria, en otoño e invierno, siempre venía a visitarla y a echarse unos tutes y unos cinquillos los fines de semana.

Las ferias que más me gustaban eran las de Criptana porque Tele Criptana, el canal de televisión local, entrevistaba a veces a mi abuelo Gregorio, que decía todos los años lo mismo, lo de que la feria ya no era lo de antes porque la vida se iba poco a poco convirtiendo en una feria. Esto último no lo decía pero era así, porque los caballitos y las pizzas y los algodones de azúcar y el consumir compulsivamente y las luces de colores y el griterío y el jolgorio se fueron convirtiendo poco a poco en norma, así que su oficio y su caseta de dos por diez llena de juguetes y de bisutería tenía cada vez menos clientes y menos sentido.

Las ferias de Criptana también me gustaban mucho porque veía a mis primos de la otra familia, a los Simones, y nos íbamos a cenar un pollo adonde Liendre o a comer churros y yo iba por allí como Pedro por su casa, saludando a la Inés, que era prima de mi abuela y que ponía un puesto de turrón —porque éramos de Castuera, pero turroneras—, o al Juanma, que tenía uno de hamburguesas, o a mi tito Ángel, que vendía bolsos y cinturones y bisutería y juguetes como mis abuelos, solo que tenía el puesto más apañao. Iba por la feria de Criptana como Pedro por mi casa, pero cuando algún Simón, cuando mi tía Ana Rosa o mi prima Marta me decían que había salido a los Bisuteros o que menuda bisutera estaba hecha, me enfadaba. Me enfadaba porque entreveía ahí una acusación, un reproche al que tardé muchos años en ponerle nombre: lumpen proletariado. Lo que me estaban diciendo, lo que creía mi yo niña que le estaban diciendo veladamente llamándola bisutera era cuevera, cueverota, que es como llaman en Criptana a los quinquis. Y a mí, que no decía en el cole que me pasaba los veranos de feria en feria compartiendo cama en la caseta con mi abuela María Solo, no fueran a pensar mis compañeros que éramos gitanos o unos arrabaleros, me daba rabia que me dijeran bisutera aunque no quería ser otra cosa en este mundo más que eso: nieta de mi abuela María Solo para el del baby, «la chica de la Ana Mari» para el de los coches de choque. Bisutera, bisuterilla.

Pero me daba rabia que me llamaran así porque creía saber lo que había detrás y porque no éramos unos cueveros ni unos quinquis, ni mis abuelos ni mis titas ni por su puesto mi tito José Mari, que acababa de terminar la universidad y que sabía un montón y tenía una sudadera de la Complutense de color azul, pero cómo se lo iba yo a explicar a la Ana Rosa o a mi prima Marta o a mis compañeros del colegio. Tardé más de veinte años en decir que mis abuelos eran feriantes. Normalmente hablaba de que vendían juguetes, pero no decía dónde, no decía que tenían un puesto de dos por diez ni que meaban en una palangana cuando los baños del ferial cogían lejos ni que en otoño e invierno hacían mercaíllos y en primavera romerías y en verano ferias.

También tardé más de veinte años en dejar de avergonzarme de que a la Ana Mari le gustara el flamenco pero también el flamenquito; Lole y Manuel y Triana pero también el Parrita y Los Chichos y el Chiquetete. Ella dice que es una de las secuelas que le quedan de la feria, igual que mi tito José Mari dice que tiene de secuela lo de no poder dormir por las noches porque en la feria dormir no se duerme mucho y menos de noche, con el de la Tómbola diciendo lo de *avanti tuti a tuti jorobi* y los últimos borrachos saliendo del recinto a deshora. La rumbita y el flamenquito lo ponía la Ana Mari para hacer de sábado en casa y yo siempre bajaba el volumen cuando no me veía y me gustaba mucho que me cantara el «Turu turai» de Remedios Amaya o el «Hola, mi amor» del Junco o «Del sur a Cataluña» del Tijeritas, pero no quería reconocérmelo ni a mí misma porque dónde iba a parar eso a El Último de la Fila, que lo escuchaba mi padre y me parecía mucho más digno porque no sonaba a organillo ni a llevar la camiseta llena de relejes.

Me ocurrió lo mismo con Camela cuando mis amigos lo empezaron a poner en los botellones, que a mí no me salía ponerme a vocear «Cuando zarpa el amor» con el vaso de vodka Knebep del Mercadona en la mano, porque cuando tus padres te llevan al teatro y al Reina Sofía los domingos o cuando simplemente no llevan toda la vida escuchando Camela mientras hacen de sábado es muy fácil apreciar lo que a ti te parece la cultura popular porque tú no perteneces al pueblo, no a ese pueblo, pero cuando te han llamado cueverota porque provienes de un lugar en el que no paran de sonar y sobre todo donde apenas suena otra cosa, pues te hace menos gracia.

Años más tarde, en los 2000, me volvió a pasar con el reguetón. La primera vez que escuché reguetón fue en las fiestas de Ontígola y fue el «Papi chulo» de Lorna. Yo llevaba una camiseta naranja de las Supernenas y estaba en sexto y aquella canción se me quedó grabada a fuego. *Mi Lorna a ti te encanta el mmm, que rico el mmm, sabroso mmm.* Porque ese sonido machacón y esas letras como de estar nadando en sopicaldo penevulvar todo el tiempo y esos bajos aún no se habían convertido en una especie de esperanto musical.

Lo que viene después lo sabemos todos: tras el «Lo que pasó, pasó» y el «Rakatá» y el «Agárrala, pégala, azótala», después de lo que mi hermano Javi convino en llamar un día reguetón vintage, porque llegó a España a la par que él al mundo, vino el reguetón empoderado y empoderador, el reguetón como signo de pedigrí, de ausencia de clasismo o racismo en particular y de prejuicios en general. Llegó Bad Bunny como icono revolucionario por pintarse las uñas y por vestirse de tía en un vídeo porque la historia no es sino la historia del adanismo y porque nadie pareció caer en que aquello no solo lo hicieron los que le bailaron el agua a Tierno en la Movida en nombre de la contracultura, sino también Odín y Aquiles y todos nuestros padres, que de jóvenes se vistieron de chica en algún carnaval o en la mili con unas medias por las que se les salían los pelos y dos globos haciendo de tetas. En aquellos tiempos disfrazarse de chica aún no era machista. Ahora sí, salvo si uno es Bad Bunny.

Resultó que la decolonización era apuntarse a clases de twerking, ponerse uñas encima de uñas y hacer sentadillas para echar caderas. Y resultó también que el reguetón pasó de ser una cosa zafia y vulgar, lo que sonaba en las macros de los pueblos mientras la gente que quería molar de los pueblos se negaba a ir a las macros porque solo sonaba reguetón, a ser el principal gancho del Primavera y del Sónar y a sonar en cualquier after y a ser incluido como cuñita rompedora en forma de verso en los poemarios de todo aquel que quería ser distinguido precisamente por abrazar la ausencia de distinción, por no tener prejuicios, por valorar lo popular, sin reparar en que *popular* es también la adicción temprana al alcohol y el fracaso escolar y las casas de apuestas y eso nadie lo celebra como parte de la cultura plebeya. Y Dios me libre de comparar a Bad Bunny con las casas de apuestas, aunque los dos encajen en el cuadradito de arriba del diagrama de Nolan, porque el liberalismo no es solo una cosa económica, es también un señor cantándole a que «estar soltera está de moda / por eso ella no se enamora» porque se conoce que amar es una cosa antiquísima y que la revolución será perreando hasta abajo o no será, y me gustaría a mí saber cuántos banqueros han sido guillotinados con la técnica de romper el piso moviendo el culo hasta abajo o de fingir follisquear con unos y con otros sin orden ni concierto. Pero el caso es que lo plebeyo y lo popular son también cosas que ni suenan a lata ni exaltan, grandes discográficas y plataformas de Silicon Valley mediante, el populachismo. Populares y plebeyos son también Machado y Hernández y Lorca y mi abuelo Gregorio los recitaba a los tres, pero nadie pensaba en mi abuelo recitándolos a los tres cuando pensaba en los feriantes ni en las ferias y por eso me daba rabia cuando me llamaban bisutera.

Es muy fácil decir que te encanta el Parrita o llevar aros del tamaño aproximado de tu cabeza cuando nunca te han reducido a eso, cuando no se han burlado de que vengas de un sitio en el que hacer todo eso es la norma y el estigma y no un signo de estatus ideológico, una declaración de intenciones, y mira qué poco clasista soy y mira qué distinguido en mi abrazo a lo que considero, a lo que reduzco lo popular. Es muy sencillo que te haga gracia el Jarfaiter cantando «joven violento / vive el momento / sangre hirviendo / me piso mi 1800 / me subo la aguja a 200» cuando no has tenido a ningún Jarfaiter en tu clase en la ESO, cuando no te has preocupado porque el rumano de tu clase, al que quieres mucho y al que llamo «el rumano de mi clase» y no por su nombre porque así le decían y porque pisó la cárcel, condujera con dieciséis sin carné o se partiera la nariz cada fin de semana sin venir mucho a cuento.

La otra cara de la clase media aspiracional, de esos pobretones que nos pensamos menos pobretones por vivir en los centros de las ciudades y vestir del COS y tener plantas tropicales en vez de geranios para parecer menos provincianos es la lumpen burguesía, los hijos de las clases medias y altas que habiendo pasado los veranos en Irlanda y teniendo dos másteres y un doctorado sin acabar con treinta y tres y habiendo visto un gitano de cerca por primera vez a los veintiséis cuando fueron a Casa Patas porque les empezó a gustar el flamenco con *Los Ángeles* de Rosalía, le dicen al que ha crecido en bloques de VPO que menudo clasista por no escuchar reguetón y seguir diciendo que es machista o que le baila el agua al liberalismo, que si no le gusta Camela es porque es un elitista o que no tiene ni puta idea por no ver en el *Sálvame* y en Jorge Javier el *katejon* antifascista. Nada nuevo bajo el sol: señoritos diciéndole al pueblo lo que el pueblo es.

En los noventa empezaba a existir la primera, la clase media aspiracional, y empezaba a existir a golpe de hipotecas concedidas con sospechosa facilidad; pero la segunda, la lumpen burguesía, la de los que parece que sienten nostalgia de un barro que no han pisado en su vida, ni estaba ni se la esperaba. Mi tito José Mari me contó una vez que cuando llegó lo del cine quinqui la gente lo empezó a asociar a ellos, empezó a pensar a los feriantes como protagonistas de *El Lute* o *El Vaquilla*, como agentes de la redistribución de la riqueza que no recurrían a Marx, sino a los tirones. La putada es que los daban siempre en el barrio. Los empezaron a asociar a la cultura quinqui en los ochenta, pero antes de eso la gente de Criptana —o eso me dijo mi tito José Mari— creía que eran ricos porque tenían un puesto lleno de juguetes y vestían diferente, porque mi abuela María Solo les compraba la ropa en mercaíllos de otros sitios, y como en el pueblo solo había un par de tiendas iban todos igual; todos menos ellos, menos la Ana Mari y mis titos, que eran los *avant garde* de Criptana, los modernos.

Antes de que llegaran *Navajeros* y *El Pico*, a José Mari le decían pijo para putearlo en el colegio, supongo que también porque ni mis titas ni la Ana Mari ni él tuvieron nunca mucho acento manchego y en Criptana todo el que termina los verbos con todas sus letras y dice «voy a acostarme» en lugar de «voy a *acostame*» o no arrastra la jota hasta que le rasca —le *rajca*— la garganta es un pijo, así que, ¿cómo íbamos a ser cueveros?

No éramos nada, nada más que Bisuteros, unas gentes nómadas que no tenían más que trampas o eso decía mi abuela, una familia que por no tener no tenía ni raíces ni acento pero se conocía la geografía española entera y no era por los mapas, un séquito errante que sabía y sabe reconocer todas las variedades dialectales nacionales porque desde que mi abuela María Solo y mi abuelo Gregorio se conocieron en la feria de Valdepeñas, ella con diecinueve y él con veinticuatro, solo hicieron dos cosas: tener hijos y recorrer España en la furgoneta Sava que se compraron.

Empezaban la temporada en abril en la feria de Sevilla y la terminaban en noviembre en la de Balaguer, en Lleida.

A medida que fueron naciendo mis cuatro tíos y la Ana Mari fueron haciendo menos ferias y más mercadillos y romerías, porque en verano podían llevárselos de ferias pero durante el curso escolar no, y se tenían que quedar en Criptana con Juanjo y la Emilia, la hermana y el cuñado de mi abuelo Gregorio, que tenían una tienda de ropa y menaje y otra de chucherías, una al lado de la otra. Se llamaba «El Capricho», pero mis primos los Simones le decían «La Bonica» porque siempre que pasabas a por chuches la Emilia te preguntaba: «¿Qué quieres, bonico?» o «¿Qué va a ser, bonica?». Creía mucho en Dios y era muy misera y en la tienda, que ya está cerrada porque se jubiló, tenía una tele pequeña donde a menudo sonaba en voz baja la misa de La 2 y también tenía una radio en la que sintonizaba Radio María.

De que la Emilia tenía una tienda de chuches sí que hablaba en el colegio y contaba que a veces me dejaba al cargo cuando se iba a misa y yo cobraba y daba las vueltas aunque apenas me sobresalía la cabeza del mostrador. Pero hasta pasados los veinte nunca le dije a nadie que mi abuelo Gregorio empezó en las ferias de crío con una rata indiana a la que le hizo una estructura de madera con casilleros para que la gente apostara unas perras a ver en cuál entraba el animal. Había trampa, claro: era él quien dirigía a la rata con un palo untado en queso que movía por detrás de la estructura.

También tuvo, de chaval y con su hermano Ángel, una oca a la que había que echarle aros en el cuello que llevaban de pueblo en pueblo, pero se les acabó muriendo la pobre porque si le daban mucho de comer no se movía de la pesadez y la gente acertaba y no hacían negocio, pero si no le daban de comer tampoco se movía del cansancio y la gente acertaba así que tampoco hacían negocio. Siempre que contaba aquello mi abuela María Solo se reía y se veía que le faltaban las muelas de abajo, y yo pensaba que seguramente le faltaran las muelas de abajo por lo de las trampas y por lo de ser de la feria, pero que igualmente y hasta sin muelas de abajo era la abuela más guapa del mundo, y encima me peinaba con Nenuco en vez de con agua.

Cuando era pequeña pensaba en mis abuelos, pensaba en los Bisuteros como en el titiritero de la canción de Serrat, que me la ponía mi padre en el coche, seguramente más de una vez camino de una feria. Pensaba en mis abuelos, en mis titos y en la Ana Mari no como unos cueverotes ni como unos cerrilleros, sino como una raza que va de plaza en plaza, de feria en feria, siempre risueña, de aldea en aldea. Hoy sigo pensándolos igual pero también como un vestigio de una España que fue y ya no es. Una España en la que había zoos chicos y enanos recortadores y en la que sonaba Camela, pero donde también había recitadores como Waldo, el amigo de mi abuelo Gregorio, que declamaba romances y coplas de pie quebrado en el teatro chino de Manolita Chen.

Ese árbol lo plantó mi abuelo
y pa mí es la sombra

«Antes todo esto era un secarral, luego lo dejaron más apañao, plantaron los pinos y pusieron los merenderos. Fue el PSOE. Tu abuela y yo tenemos una foto ahí, a la par de la ermita», me dice mi abuelo cuando llegamos a San Isidro, que es un prado que hay a las afueras de Criptana en el que cada 15 de mayo se le rinde homenaje al patrón de los agricultores con una romería.

Desde que murió mi abuela Mari Cruz, para mi abuelo Vicente todo acaba en ella. Cualquier comentario, cualquier conversación y cualquier recuerdo desembocan necesariamente en María, en «mi María», como la llama él, como empezó a llamarla él cuando murió. Me contó que la semana después de que la enterráramos le dio por mirar la cómoda, un mueble que para él era un misterio, que nunca antes había abierto porque no había sentido curiosidad o necesidad de abrir «porque eso eran cosas de tu abuela», y encontró un montón de cartas y postales y medias y un rosario. Cuando le pregunté qué hizo con él me respondió que lo tiró «a tomar por culo. Eso lo tendría tu abuela guardado no sé por qué, se lo regalaría alguien». Siempre sospeché que mi abuela creía en Dios de alguna forma, pero fue una de las preguntas que me dejé sin hacerle. Un Viernes Santo que llevaba unos pantalones rotos me dijo que me cambiara, que estaba muerto el Señor.

Hemos ido a San Isidro para regar el árbol, que es *el* y no *un,* lleva un artículo determinado en lugar de indeterminado porque lo plantó mi abuelo en una orilla del camino y es él quien lo cuida. Es un almendro. Cada semana coge el cochecillo, un biplaza azul que hace mucho ruido, y lleva siempre sintonizada Radio Olé. Así es como lo llama y como lo llamamos, «el cochecillo», y con él se va a regar el almendro o a podarlo o a apañarle el arriate que le ha hecho con botellas de plástico y piedras.

De camino le digo que no encienda la radio, que le voy a poner una cosa, y busco en el YouTube del móvil el «Romancero de Durruti» de Sánchez Ferlosio y se lo acerco a la oreja mientras conduce porque ya oye regular, está un poco teniente, y sonríe y tararea eso de «por allí viene Durruti, con una carta en la mano donde pone la miseria de este pueblo soberano», pero inmediatamente después empieza a despotricar contra los anarquistas y el anarquismo, como siempre que le pongo esas canciones. A veces lo hace sin que se las ponga, raja de los anarquistas porque sí, porque se acuerda de ellos «y cómo va a ser lo que ellos dicen si eso es un sindiós», y me dan ganas de enseñarle el meme ese que señala que si un fenómeno no existe no puede hacerte daño, de decirle: «abuelo, los anarquistas no existen, no pueden hacerte daño».

Cuando llegamos al árbol aparca al borde del camino y abre el maletero. Hoy lleva una garrafa con agua para echarle al árbol, pero cuando éramos críos nos llevaba a veces a mi primo Pablo o a mí o a mi prima María o a la Perucha, que era una perra que tuvo, un chucho negro que tenía muy mala hostia, que solo le hacía caso a él y que lo acompañaba siempre al campo. Como el coche es biplaza, si queríamos ir a ver sus viñas o a robar aceitunas con él o a la casa de campo de mi tía Mari, mi abuela y él tenían asiento pero los demás no, así que nos tocaba en el maletero, a veces junto a un azaón, otras clavándonos un poco el palo de un rastrillo, otras con la Perucha y en ocasiones con todo junto.

Mientras saca la garrafa le pregunto si nadie le ha dicho nunca nada por plantar el árbol por su cuenta y riesgo, sin consultar ni al concejal de Medio Ambiente ni a nadie, y entonces abre mucho los ojos y se ríe y me responde que no, que quién le va a decir a él nada por plantar un árbol. Mi abuelo siempre se ríe de que no entienda la lógica por la cual se rige la realidad que hay más allá de la urbe. De que descubra, de hecho, que hay realidad más allá de la urbe. Una tarde que hacía mucho aire pasó una planta rodadora por su calle y la vi por la ventana y la llamé así, «planta rodadora», y él se pasó todo el día riéndose y acordándose y diciéndome que eso se llamaba «malvecino» y murmurando «me cago en Dios, planta rodadora, dice», y cogiéndome del brazo y zarandeándome un poco y después dándome un beso y sentenciando que en las ciudades no sabíamos de na, que por no saber no sabíamos ni calentar agua pa afeitar al rorro.

Cuando volvemos al coche, después de explicarme que le ha puesto una boca de botella al arriate para que el agua vaya cayendo poco a poco y que los almendros florecen entre enero y marzo, me dice que cuando él falte —aunque siempre avisa de que él no se va a morir nunca y cuando lo dice siempre pienso en que ojalá sea verdad, ojalá no se muera nunca; los abuelos no deberían morirse nunca—; cuando él falte, me dice, y yo pase por allí con alguien, podré señalarlo y decirle «mira, ese árbol lo plantó mi abuelo, así que pa mí es la sombra».

Me acuerdo entonces, mientras me subo al biplaza para volver a su casa y mi abuelo sintoniza ahora sí Radio Olé, de un poema de Aresti que me ha enseñado mi amigo Gonzalo y que dice:

Defenderé
la casa de mi padre.
Contra los lobos,
contra la sequía,
contra la usura,
contra la justicia,
defenderé
la casa
de mi padre.
Perderé
los ganados,
los huertos,
los pinares;
perderé
los intereses,
las rentas,
los dividendos,
pero defenderé la casa de mi padre.

Me quitarán las armas
y con las manos defenderé
la casa de mi padre;
me cortarán las manos
y con los brazos defenderé
la casa de mi padre;
me dejarán
sin brazos,
sin hombros
y sin pechos,
y con el alma defenderé
la casa de mi padre.
Me moriré,
se perderá mi alma,
se perderá mi prole,
pero la casa de mi padre
seguirá
en pie.

Me acuerdo entonces del poema de Aresti pero no se lo digo a mi abuelo, como tampoco le digo que sí, que aunque no se va a morir nunca, si acaso eso pasa, si algún día él falta, llevaré allí a mis hijos, que es a quien se refiere con ese «alguien» aunque lo haya omitido intencionadamente, y les contaré quién lo plantó y quién lo regó cada semana, quién pensó en él en cada helada y quién sonrió con cada nueva flor.

No le cuento tampoco que me he quedado pensando mucho en lo que hablamos la noche anterior, cuando estábamos con la Ana Rosa y con mi padre en el comedor, con la persiana a medio bajar y una corrida en la tele a la que nadie le prestaba atención. Estábamos hablando de Nochebuena y comentando que Olivia ya casi sabía a hablar y que Hugo había aprendido a jugar al ajedrez cuando él dijo que «faltaban chicos». Que los más jóvenes, los nietos, no estábamos teniendo hijos al ritmo y en la medida en la que él consideraba que debíamos tenerlos. Que la proporción que se debía cumplir no se estaba cumpliendo, decía, que tenía dieciocho nietos pero tan solo cinco bisnietos.

Mi padre le daba la razón y le respondía que sí, que la proporción no se estaba cumpliendo, pero se la quitaba argumentando que las cosas habían cambiado, que ya no eran como antes, que si se fijaba, ninguno de sus hijos había criado tampoco a siete niños como había hecho él, de la misma forma que ninguno de sus nietos había tenido hijos a la edad de sus padres, y mi abuelo se condenaba y negaba con la cabeza y decía que precisamente por eso, porque las cosas habían cambiado, era por lo que debíamos tener o los mismos o más hijos que antes, y nos recordaba que él había criado a ocho en una casa con letrina y a medio hacer y que había ido reformando poco a poco y cuando se podía el suelo que ahora pisábamos.

En un momento de la conversación apeló a las pensiones y le preguntó a mi padre y a la Ana Rosa que quiénes iba a pagar las suyas si cada vez había menos chicos, a lo que la Ana Rosa le respondió que había un montón de inmigrantes, muchos más que antes, y él replicó, cabizbajo, que «no era lo mismo». Zanjó la conversación diciendo que su casa siempre había estado llena de chicos y que cada vez lo estaba menos y que eso no podía ser y tenía razón. También en lo de que «no era lo mismo».

Lo discutí después con mi padre, cuando nos salimos al corral a echar un cigarro y vino a decirme que tanto monta monta tanto, que los niños son niños y mañana serán trabajadores que pagarán impuestos y con sus impuestos se pagarán pensiones, y le dije que sí, que podrán pagar su pensión pero que no serán sus nietos, y que mientras pagan su pensión no estarán pagando la de sus propios abuelos.

Le hice un *excusatio non petita* seguramente recordándole que la Tere, la vecina de mis abuelos, era la Tere; y su hijo Alberto era el hijo de la Tere; y como eran la Tere y el hijo de la Tere no eran Simones, y reconocer que no eran Simones no implicaba quererlos menos ni respetarlos menos, sino todo lo contrario. La comunidad implica siempre dejar a alguien fuera, si no, no hay comunidad que valga, le dije. Y también le di la enhorabuena por que el internacionalismo se hubiera convertido al fin en realidad, aunque lo hubieran hecho los otros. Feliz internacional capitalista, papá. Después nos enzarzamos en si era o no neocolonialismo robar la mano de obra y la juventud y con ella a los niños futuros y la posibilidad de pagar las pensiones en sus propios países a los que hace siglos les robamos el oro.

No me atreví a decirle que no era lo mismo, claro que no era lo mismo, porque el día que murió Hilario, después de su entierro, me di cuenta de que una de las razones, la razón principal por la que quería tener hijos no era por ser madre yo, sino por hacerle a él abuelo y a mi abuelo bisabuelo. Por continuar con un linaje, por devolverle lo que me había dado, la vida y el amor; por contarles las historias de la Hermana y el Hermano tal como me las había contado Hilario a mí y por hablarles de él, de sus manos de esparto y de sus coplillas.

Por ir con ellos a ver los Mayos y porque se sollaran las rodillas en el mismo corral en el que me las había sollado yo de niña, que a la vez era el mismo en el que se las había sollado él y todos sus hermanos, mis tíos, y en el que mi abuela había dado sus primeros pasos. Por enseñarles que cuando uno come caldereta se coge del perol y se dan dos pasos para atrás y por llevarles a la ermita de San Isidro y de camino señalar el almendro y decirles que lo plantó mi abuelo, su bisabuelo. Así que nuestra es su sombra.

Lo masculino

El gigante herido de la estación
de Alcázar de San Juan

Las primeras palabras que le oí decir a mi padre fueron «pero Ana Mari, qué feílla es». Esto lo sé porque me lo han contado, me lo han contado muchas veces, pero lo dijo la primera vez que me vio, nada más nacer. También sé porque me lo han contado que estuve tres días sin nombre porque mi padre y la Ana Mari no se decidían por ninguno. Él quería llamarme África, pero la Ana Mari se negaba porque le recordaba «a pobreza y a miseria» y encima nunca habían estado en África. Barajaron Laura, y mi abuela María Solo le fue contando a todas sus amigas en los mercaos que había tenido una nieta, su primera nieta, y que se llamaba Laura, pero luego le dijeron que al final no me llamaba Laura y se llevó un disgusto y se tuvo que ir retractando ante todas sus amigas de los mercaos.

Convinieron, finalmente, en llamarme Ana Iris, inspirados por el nombre de la hija de Ginés el del baby, que se llamaba Inairis, solo que ellos hicieron una libre adaptación cruzando el primer nombre de mi madre con el de la mensajera de los dioses de la *Ilíada*. En el relato oficial, sin embargo, la Inairis la del baby no figura. Mi padre prefiere pensar, prefiere contarse a sí mismo y contarme que me llamaron Ana por mi madre e Iris porque éramos y somos «una familia postal», como ellos son carteros. O eso o por la *Salve marinera*, que le gustaba mucho y que dice «salve, estrella de los mares, de los mares iris, eterna aventura». Según le dé cuenta una versión u otra de la historia de mi nombre sin importarle que entren en contradicción, porque si es por lo uno no es por lo otro y en realidad yo siempre supe la verdad y la verdad es que me llamo Ana Iris por la hija de Ginés el del baby, pero qué más da la verdad.

La *Salve marinera* le gusta tanto a mi padre porque hizo la mili en Infantería de Marina y supongo que aquello también lo eligió un poco por el relato, por poder contar una historia, porque dime tú qué hace un manchego, que la superficie más extensa de agua que ha visto en su vida son las Lagunas de Ruidera, aprendiendo a hacer nudos de ocho y estrategias anfibias. O por hacer el capullo. Eso fue lo que me respondió cuando le pregunté que por qué solo había elegido quedarse con el reloj negro de plástico que había en la estantería de encima de la tele cuando se separó de la Ana Mari. No me enteré por él, sino por los papeles del acuerdo de separación, que me los encontré con catorce años en la estantería del Ikea que habíamos ido a comprar meses después de que se separaran y de vender la casa para amueblar su piso nuevo. En ellos se reflejaba que todos los muebles eran para la Ana Mari, todos a excepción del «reloj de plástico negro que hay en la estantería de encima de la tele», y cuando le pregunté que por qué había querido quedarse solamente con ese reloj, si encima era de plástico, esperaba que me contara una historia sobre un simbolismo que yo hasta entonces desconocía pero me respondió que «por hacer el capullo».

En esos días, en los días en que mis padres se separaron y tuvimos que ir al Ikea para comprar los muebles de su piso nuevo, que estaba enfrente de la plaza de la Libertad de Ontígola, descubrí más que nunca a mi padre como lo que había sido incluso antes de nacer yo: un padre. Y lo descubrí porque, como Javi lloraba mucho cuando lo llevaban a la guardería, decidió sacarlo porque no podía dejarlo llorando e irse a trabajar tan tranquilo, y se pasó meses cuidando de Javi y leyéndole *El Principito* y la vida de Velázquez en la terraza y haciéndole el desayuno y la comida y la cena y contándole rollitos, que es lo que le decía Javi a mi padre cuando le echaba mentiras, que «no le contara rollitos».

La Ana Mari siempre me decía que en los Simones, en la familia de mi padre, eran «muy chiqueros», que les gustaban mucho los niños, y así es. Nada protege ni admira más un Simón que a un crío, por eso digo que mi padre era padre incluso antes de que naciera yo. Hace poco le pregunté que por qué había querido tenerme y que por qué había querido tener a Javi, que por qué había querido tener hijos, y me respondió que porque no podía no hacerlo. Que siempre había sabido que su único cometido era ese, ser padre, y que igual era egoísta, él qué sabía («igual es egoísta, yo que sé», eso me dijo), pero que también había sabido siempre que era lo que mejor se le daría, lo que haría que él fuera realmente él. Y aunque no conocí a mi padre, claro, antes de ser padre, y aunque creo que ya lo era antes de nacer yo, o precisamente por eso, estoy segura de que tiene razón. A la Ana Mari me pasé muchos años sin llamarla mamá, pero a mi padre jamás le he llamado por su nombre. Nunca. Siempre le he dicho papá, normalmente alargando mucho la *a* del final. «Papáá, hazme un sobete, que me duele la tripa. Papáá, llévame a Aranjuez, que he quedado con mis amigos. Papáá, ¿por qué seguimos creyendo en la democracia? Papáá, cuéntame otra vez la historia de Patatín y Patatón».

El de Patatín y Patatón era un cuento que se había inventado mi padre para mí y que narraban la historia de dos patatas que se iban a un lago a bañar y se dejaban la ropa en la orilla. Mientras chapoteaban en el agua aparecían Cuchillo y Tenedor riéndose a carcajadas y anunciándoles que iban a morir, que los iban a trinchar y se los iban a comer. En esas llegaba la Perucha, la perra de mi abuelo que tenía tan mala hostia, y atrapaba con su boca a Cuchillo y a Tenedor y los arrojaba al lago ignorando sus ruegos, haciendo oídos sordos a lo que le decían y lo que decían era «No, por favor, Perucha, no nos eches al agua, que nos vamos a oxidar», salvando así a Patatín y a Patatón. Luego tuvimos al Roly, que como la Perucha también era un chucho, aunque más cariñoso, y los que salvaban a Patatín y a Patatón eran entonces la Perucha y el Roly.

El Roly era hijo de la Cosca, la perra de mi abuela María Solo. Era blanco y tenía una mancha negra en el ojo y con dos o tres años se quedó tuerto porque se acercó al rebaño de un pastor y el pastor pensó que iba a atacar a sus ovejas y le lanzó una piedra, con tan mala suerte que le dio en un ojo. Eso es lo que me contó mi padre que pasó, porque ninguno lo vimos. Y es que al Roly no lo sacábamos a pasear, se sacaba él solo. Al lado de casa, de la casa de la calle las Flores que era un chalé adosado, había una era y le abríamos la puerta y se iba a dar una vuelta por allí y al rato volvía. A veces, cuando no lo veía por el patio y le preguntaba a mi padre que dónde estaba el Roly, me respondía que le había dado un euro y le había mandado a por el pan.

El Roly no se ponía a llorar cuando alguien tiraba petardos en la final de la Liga y no tenía ni cama ni mantita. Dormía en el patio y siempre estaba en el patio, nunca en casa, porque era un perro, no una mascota. Detrás del huerto y del almendro que plantó mi padre le hizo una casa de ladrillos y cemento. En la parte de arriba, sobre la puerta, escribió ROLY en el cemento aún húmedo. Y no era la casa de perro más bonita del mundo, pero era la casa del Roly.

La casa de la calle Flores, además de un patio enorme en el que durante un verano me dediqué a plantar dondiegos porque crecían muy rápido y daban muchas semillas, hasta que mi padre me dijo que ya bastaba de dondiegos y me los arrancó porque bonitos no quedaban, tenía un jardincillo a la entrada. Allí plantó él una parra y alegrías y una vez intentó poner tulipanes pero no le salieron. En la esquina, pegado al muro que separaba nuestra casa de la del vecino, hizo un majano para que no se viera el cuadro de la luz; «un pequeño majano», decía él, y cuando lo decía la Ana Mari se reía mucho.

Se rio menos el día que fuimos a revelar un carrete y vio que de las veinticuatro fotos la mayoría eran del «pequeño majano» y de la parra desde distintos ángulos y perspectivas, y le preguntó a mi padre que por qué le había echado veinticuatro fotos a un montón de piedras y a una parra y él no supo o no quiso responder, pero seguramente la respuesta fuera la misma que la del reloj negro de plástico y la razón idéntica a esa por cual eligió en su día hacer la mili en Infantería de Marina habiendo nacido él en ese océano de esparto que es La Mancha. Por hacer el capullo.

Con once o doce años, cuando Javi aún era un bebé, un fin de semana que estábamos en Criptana nos llevó en el Clio a La Virgen, que es donde se casaron él y la Ana Mari. Es un pequeño montículo en medio de la nada con una ermita blanca, amurallada y consagrada a la patrona local, la virgen de Criptana. Desde lo alto se pueden ver, o eso dice mi padre, cien kilómetros a la redonda te asomes por el costal que te asomes.

Javi iba detrás en el Maxi-Cosi y yo delante, de copiloto, y cuando aparcamos mi padre lo cogió en brazos y fuimos a ver los exvotos que le ofrecía la gente a la virgen. Había tetas y manos y eles de las de las autoescuelas y mi padre me explicó lo que era un exvoto. Después nos pusimos a mirar por uno de los costales y me decía «mira, eso es Tomelloso», y señalaba a un punto y después señalaba otro y me decía que eso era Alcázar y al final del todo, y después de un rato, me dijo: «Iris, esto es La Mancha». Hacía mucho sol y mucho aire y el cielo y la llanura naranja parecía que no se acababan nunca y sí, eso era La Mancha.

Fue aquel día cuando me di cuenta de que mi padre vivía en los relatos, en las historias que me contaba, pero sobre todo en las que se contaba a sí mismo, y eso que lo que me estaba contando ese día era verdad porque aquello era La Mancha. Pero es que aun cuando era inventado, lo que contaba mi padre siempre era verdad de algún modo. Empecé a darme cuenta también, mirando a mi padre y mirando a mis amigos del instituto, de que los chicos, los hombres, no pierden la capacidad de jugar. Nosotras en la ESO dejamos el balontiro y el baloncesto y nos apuntamos a baile y quedábamos para mandar SMS y dar toques a los chicos que nos gustaban, que seguían jugando al fútbol y al balonmano, y más tarde, con casi treinta, quedamos para tomar cafés y cañas mientras que ellos siguen no solo jugando al *Fortnite*, sino enfadándose con el que todavía no ha aprendido a construir, que es una de las cosas que hay que hacer en el *Fortnite*, y cuando tengamos sesenta seguramente quedaremos a alcahuetear por las noches mientras tomamos el fresco en una silla de propaganda de plástico y ellos seguirán jugando al dominó o a la brisca o igual siguen jugando al *Fortnite*. Pasada la adolescencia las mujeres dejamos de permitirnos jugar, se nos olvida cómo se juega. A los hombres no, y esa es una de las razones por las que me gustan los hombres.

La Ana Mari se enfadaba a veces cuando mi padre jugaba conmigo y lo llevaba demasiado lejos, como una vez que íbamos en el coche y se confundió de salida en la carretera y yo me asusté mucho porque creía que nos habíamos perdido y mi padre me dijo que sí, que nos habíamos perdido, y que ahora en vez de a Criptana íbamos a llegar a Cuenca y que a ver dónde dormíamos, y yo me puse a llorar porque en Cuenca no teníamos casa y nos imaginé durmiendo en el coche y llovía a cántaros y tronaba. La

Ana Mari se enfadaba a veces con mi padre cuando me engañaba, pero también cuando me decía lo que él consideraba la verdad, como cuando que me dijo que mi amiga Sarita, la que murió de leucemia, no estaba en el cielo con los angelitos, sino bajo tierra. O cuando me enseñó a mi hermano en el bote de cristal.

Creo que aprendí a escribir de él, que aprendí a escribir por él. O no sé si a escribir, pero sí a mirar. En segundo de primaria, cuando tenía siete años e iba al Vicente Aleixandre, se nos coló un ratón en clase. Estábamos dando Inglés y de pronto cruzó el aula y todos empezamos a gritar y a saltar de la silla, incluida la pobre Isabel, nuestra profesora, que se subió a un pupitre. Cuando Marcial el conserje consiguió echar al ratón ya nos tocaba Lengua, y Rosa, nuestra tutora, que nos daba también Mates y Cono, nos mandó de deberes para el día siguiente una redacción del incidente.

Cuando llegué a casa y le conté a mi padre muy excitada y moviendo mucho las manos que se nos había colado un ratón en clase y que tenía que escribir una redacción sobre ello, él me dijo que si nosotros nos habíamos llevado un susto me imaginara el pánico que habría sentido él al ver a una veintena de humanos, incluida una profesora de Inglés, saltando de sus sillas. Entonces me subí a mi cuarto y, aunque dudé un poco al principio, porque Rosa nos había dicho que escribiéramos cómo había sido para nosotros y no para el ratón aquello, empecé a escribir la historia desde su punto de vista, desde el punto de vista del roedor. Al día siguiente, cuando la leí en clase, mis compañeros me aplaudieron y gané un diccionario Vox con las tapas naranjas y un estuche, porque Rosa no nos lo había contado, pero había premio. Esa tarde, cuando llegué a casa y le conté a mi padre, de nuevo muy excitada y moviendo mucho las manos, que me habían aplaudido y que había ganado un diccionario Vox y un estuche, me respondió que muy bien, pero que no me hiciera la chulita.

Años después iría a la universidad y estudiaría Periodismo durante cinco cursos sin que nadie me enseñara nunca nada más importante que lo que me enseñó mi padre en segundo de primaria: que cuando uno escribía, cuando uno miraba, había que ser siempre el ratón y que nunca había que hacerse la chulita. Y que se necesitaba valor para ambas cosas.

Con dieciocho, en mi primer año de carrera, fui yo quien le contó una historia, un rollito, como decía Javi, a mi padre. Aunque le había escrito muchas cosas antes, artículos con un único destinatario (él) que le ponía sobre la cama, siempre de corte político y normalmente para contradecir su ideología y dejarlo por escrito —él, en pago, me dejaba artículos recortados y subrayados de Haro Tecglen encima del escritorio—, aquella vez le hablé de nosotros y de las mariposas monarca.

Las mariposas monarca recorren cada año cinco mil kilómetros durante su migración. Las nacidas a finales del verano o inicios del otoño son las que migran, pero para cuando llegan a su destino y comienza la migración del año siguiente, varias generaciones han vivido y muerto. Serán sus tataranietos los que realicen el viaje a la inversa, tataranietos monarca que de algún modo conocen el camino de vuelta y siguen las mismas rutas que sus ancestros y en ocasiones vuelven al mismo árbol. Lo que le quería decir a mi padre con esa carta es que si había elegido ir a la universidad para aprender a contar historias era porque él era mi padre, porque él me había enseñado ya a contarlas. «No hay otros mundos, pero sí hay otros ojos», eso dice una canción de El último de la fila que me ponía en el Lada de camino a Criptana y en eso consiste escribir y en ninguna facultad de Periodismo te ponen esa canción de El último de la fila y por eso ninguna facultad de periodismo tiene mucho sentido.

Con doce, volviendo de la ermita de la Virgen, tuve mi primera revelación sobre mi padre: entendí que vivía en los relatos, en las historias. Cuando le di aquella carta, la carta de las mariposas monarca, tuve la segunda: me había hecho mayor. Aquel fue mi ritual iniciático, aquello implicó confesarle, implícitamente, que le había descubierto. Que sabía que vivía en los relatos y que vivir en ellos, que vivir de ellos era una de las cosas más importantes que me habían enseñado nunca. La tercera revelación me llegó diez años después, a los veintiocho.

Estábamos mi hermano, él y yo en la estación de Alcázar de San Juan, íbamos a coger el tren de vuelta a Aranjuez porque habíamos pasado el fin de semana en Criptana. No habíamos sacado el billete por internet y el tren iba lleno, así que la única opción que nos quedaba en esa tesitura era montarnos, ir de pie y pagarle el billete al revisor cuando pasara, junto con la multa por montar con el tren ya lleno. Pero para eso necesitábamos dinero en efectivo, porque el revisor nunca lleva datáfono y ninguno teníamos dinero, solo tarjetas, así que tuvimos que ir al cajero.

Nada más salir de la estación vimos a un gigante. Iba con una camisa blanca y un pantalón de traje y como los tres somos tan bajitos, máxime al lado de un gigante, reparamos enseguida en que llevaba una de las perneras del pantalón llena de sangre de rodilla para abajo. Había tanta que la tela, que era gris, se había tornado negra y se le había pegado a la carne. Iba dejando un reguero rojo en el suelo, pero parecía no verlo. Llevaba la mirada perdida al frente. Nos miramos los tres y sin decirnos nada mi padre se acercó al gigante y le preguntó que si estaba bien, que le sangraba mucho la pierna, y el gigante primero tuvo que bajar la mirada hasta encontrarse con la de mi padre y después la bajó hasta su pierna con gesto lento y pesado. Le respondió, sin asombro, que no se había dado cuenta, a lo que mi padre le dijo que había que llamar a una ambulancia, probablemente dudando si el gigante cabría o no en una ambulancia común. Entonces salieron de la estación algunas trabajadoras de Renfe y llamaron al hospital, así que nosotros nos encaminamos hacia el cajero. Javi se dio cuenta de que estábamos andando sobre sus pasos, sobre los pasos del gigante: había sangre por toda la calle. Mi padre se pasó conjeturando sobre qué le había ocurrido y murmurando que «cómo no se había dado cuenta, si iba chorreandico» los quinientos metros que separaban la estación del cajero. La ida y la vuelta.

Llegamos a la estación, ya con el dinero sacado, a la par que la ambulancia que se llevó al gigante, que no había dejado de sangrar y que estaba sentado en un banco y seguía con la misma mirada perdida y con la misma pose de coloso abatido con que lo habíamos dejado. Cuando arrancó, el del bar de la estación echó un cubo con lejía en el suelo y lo empezó a fregotear y empezó también a contarnos que el gigante había sido jugador de baloncesto profesional y a bromear con que tenía que limpiar inmediatamente aquello, no fuera a llegar Drácula. En esas se acercaron al bar las dos trabajadoras de Renfe, que le preguntaron a una señora que llegaba: «¿Qué, no habrás ido a *enterate*?», refiriéndose a si había ido a alcahuetear sobre qué había pasado y deseando que la respuesta a ese reproche fuera un sí.

Como en el tren no nos pudimos sentar porque estaba lleno, nos quedamos de pie al lado del baño y seguimos conjeturando sobre el suceso. Al llegar a casa, mi padre nos escribió a Javi y a mí por el grupo de WhatsApp y nos dijo que nos quería mucho y que si por favor le podíamos escribir la historia del gigante, que le contáramos qué había pasado antes de que lo hubiéramos visto andando hacia la estación, arrastrando la pierna ensangrentada y con la mirada perdida, y qué había ocurrido después, cuando a duras penas lo montaron en la camilla porque pesaba demasiado —no es fácil cargar a un gigante entre dos humanos— y arrancó la ambulancia.

Aquella tarde nos convirtió en adultos a Javi y a mí, nos convirtió en un hombre y en una mujer, a él con dieciocho y a mí con veintiocho. Nos reveló la verdad, nos reconoció que vivía en las historias y que si lo hacía era porque no podía no hacerlo, igual que no podía no ser padre, por eso lo fue antes de que yo naciera y antes, claro, de nacer Javi.

Aquella tarde, la tarde en que vimos al gigante de la pierna ensangrentada en la puerta de la estación de Alcázar, mi padre, además de contarnos la verdad, nos reveló cuál era nuestra misión. Hasta entonces había sido él el encargado de contarnos qué y cómo eran las cosas. Se había ocupado de ordenar la realidad, nuestra realidad, de inventársela o, más bien, de explicárnosla. Ahora nos tocaba a nosotros hacer lo mismo con él. Había llegado el momento. Habíamos dejado de ser niños. Mi abuela Mari Cruz, su madre, había muerto dos días antes. Por eso habíamos ido ese fin de semana a La Mancha y por eso estábamos ese domingo, como el gigante herido, en la puerta de la estación de tren de Alcázar de San Juan*.

---

* Papá, si quieres leer la historia del gigante, la tienes al final del libro.

Toda mujer ama a un fascista

Antes de separarse, cuando yo tenía once años, mi padre y la Ana Mari fueron a terapia de pareja. Esto no lo supe entonces, me enteré una década después y de casualidad, un día que la Ana Mari me dijo que de su divorcio habían tenido la culpa Clint Eastwood y Fidel Castro y yo, claro, le pedí explicaciones por aquel titular. Entonces se rio mucho y me contó que para intentar evitar el divorcio, cosa que no ocurrió —lo de evitarlo, el divorcio sí ocurrió—, fueron a terapia de pareja y que en terapia de pareja les recomendaron hacer un ejercicio que consistía en escribir en un papelito cosas que uno quería que cumpliera el otro, meterlos en un tarro primero y sacar después uno cada día para hacer lo propio y lo propio era intentar cumplir con esa cosa que venía en el papel.

Uno de los que metió mi padre para la Ana Mari fue señalar al menos una cosa buena del comandante Fidel. Otro, ver una película de Clint Eastwood sin quejarse. La Ana Mari, según me contó, metió en el tarro actividades que ella consideraba mucho más nobles, como dar un paseo con él y con mi hermano, que era un bebé, por los jardines de Aranjuez, esos en los que se inspiraron Joaquín Rodrigo y Valle Inclán, «y a tu padre no se le ocurre otra cosa que lo de Fidel y lo del bueno y el feo y el malo otra vez». Entonces fui yo quien se rio y le dije que bueno, que pasear por los jardines de Aranjuez lo puede uno hacer con cualquiera, pero alguien que entienda que la revolución cubana fue, como escribió Galeano, «lo que pudo y no lo que quiso ser», es un poco más complicado. Le dije eso y que mi padre era un hombre, que qué esperaba.

Que mi padre era un hombre lo entendí de muy pequeña, porque cuando me despertaba la Ana Mari me hacía arrumacos y me acariciaba y me decía «cariño mío» y «mi niña», pero él se limitaba a entrar en mi cuarto, levantar la persiana con violencia y decir «venga, Ana Iris» o «vamos, Iris» con tono y actitud castrenses. También porque cuando tenía gastroenteritis o fiebre la Ana Mari me tomaba infinitamente más en serio y no me decía blandona, sino «ay, pobrecita mi niña, qué malita está».

Un día que amanecí llena de granos en primero de la ESO le dije a mi padre que no podía ir así al instituto, que a ver si iba a ser eso varicela, a lo que él me respondió que no fuera cuentista y que tirara a vestirme, que eso era la pubertad. Le intenté convencer y le repliqué, casi al borde del llanto, que cómo iba eso a ser la pubertad si por la noche no tenía ni un solo grano y había amanecido con la cara llena, pero me llevó al instituto igualmente y sin hablarme durante todo el trayecto, que yo me pasé mirando por la ventanilla y haciendo pucheros a las ocho de la mañana. Al final resultó no ser la pubertad y acabé contagiando a Cynthia y a Beatriz Gómez y a Rubén, y cuando me tocó volver al instituto después de una semana con fiebre en casa me tocó también esconderme en los recreos de Carlos, porque tenía la frente llena de cicatrices.

Carlos fue mi novio de los doce a los catorce años y cuando íbamos de excursión nos sentábamos juntos en el autobús y escuchábamos en el discman a La Mala o a Violadores del Verso, que me gustaban a mí, o Hilary Duff, que le gustaba a él. A mi padre le hacía mucha gracia Carlos porque le gustaba mucho el fútbol y el tenis y tenía una libreta en casa con todos los resultados de los partidos del Mundial que nos robaron —el de 2002, ese en el que Ronaldo Nazario se dejó un flequillo extrañísimo— escritos a mano.

A mí también me hacía mucha gracia Carlos por ese cuaderno y me hicieron mucha gracia algunos hombres después por cosas similares. Estoy segura de que, de hacer terapia de pareja, alguno de ellos escribiría algo parecido a lo de Fidel o a lo de Clint Eastwood y su contraria se desesperaría, como la Ana Mari, porque también de eso va la relación entre hombres y mujeres, de desesperarse un poco, aunque ahora a cualquier conato de desesperación y de enfrentamiento se le haya convenido en llamar «síntoma de relación tóxica, sal ya de ahí, amiga, date cuenta» e incluso hablar de las categorías Hombre y Mujer, de lo masculino y lo femenino, sea considerado en sí mismo un poco problemático.

Más o menos cuando empecé de novia con Carlos se empezó a hablar de los metrosexuales. Fue gracias a/por culpa de algunos de los futbolistas del Madrid de los galácticos, con Beckham, que llevaba las mechas mejor hechas que su señora —y eso que su señora era la Spice pija—, a la cabeza. Los metrosexuales eran, o eso decían las revistas de tendencias de mayores y la *Vale* y la *Super Pop*, hombres que «cuidaban su aspecto», y por «cuidar su aspecto» las revistas de tendencias de mayores y la *Vale* y la *Super Pop* entendían depilarse el cuerpo entero y perfilarse ridículamente las cejas y tintarse y quizá también hacerse demasiados tatuajes y ponerse un pendientillo de brillantes en el lóbulo.

El imaginario colectivo los contrapuso a los tíos tíos, a los que, como mi padre, combinaban la ropa regular y decían que se duchaban dos veces por semana hiciera falta o no, aunque se ducharan más, y solo se echaban perfume los domingos y si acaso y su cuidado más esmerado era echarse Fungusol para que no les olieran los pies. La deconstrucción masculina, aunque fuera puramente estética, llegó de la mano del fútbol y los futbolistas —poco se habla de ello—, y las niñas de los noventa nos hicimos adolescentes con hombres que se depilaban ridículamente las cejas y se hacían mechas rubias como supuesto referente erótico. Pero lo peor aún estaba por llegar, y lo peor estaba aún por llegar por lo de Marx reformulando a Hegel: la historia siempre ocurre dos veces, la primera como tragedia y la segunda como farsa. Y después de los metrosexuales llegaron a deconstruir estéticamente la masculinidad los indies.

Los indies de los dos mil fueron a su vez otra farsa, la del grunge de los noventa. Cogieron todo lo malo, esa apariencia como de languidez, como de no tener ganas de nada y de estar al borde del suicidio y de tener un montón de traumas infantiles y de estar como rotitos por dentro y poco o nada de lo bueno. Los indies, esto es, los que pasaron a ser el arquetipo de hombre deseable para las adolescentes de los dos mil y pico, llevaban un luminoso en la frente que anunciaba que eran el mejor ejemplo de lo que El Fary convino en llamar «el hombre blandengue».

Yo de todas formas siempre he detestado al hombre blandengue. El hombre blandengue, no sé. Y además también he podido analizar que la mujer tampoco admite al hombre blandengue. La mujer es muy pícara, valga la palabra, el sentido de la palabra; porque como bien en otras ocasiones he dicho yo, lo que más valoro en esta vida es la mujer, y para mí la vida tiene sentido enorme con la mujer. La vida no tendría sentido sin la mujer. Pero la mujer es granujilla y se aprovecha mucho del hombre blandengue. No sé si se aprovecha o se aburre, y entonces le da capones y todo. Porque es verdad. Por eso digo que el hombre tiene que estar en su sitio y la mujer en el suyo, no cabe duda. Porque la mujer tiene de esos derechos que yo respeto, ¡y más tenía que tener! Porque la mujer se lo merece todo. Pero amigo mío, el hombre no debe nunca de blandear, porque, además, entre otras cosas, creo que la mujer necesita ese pedazo de tío ahí. Y al hombre blandengue le detesto.

Así definió el Fary al hombre blandengue y a él hicimos alusión tomando café una tarde Cynthia, Inés, Sara y yo. Sara dijo que, sin querer darle la razón al Fary, igual nos habíamos dado cuenta un poco tarde de que los Strokes para pasar una tarde en un banco hablando de Won Kar Wai y del cartel del Primavera pues sí, pero que como padres de nuestros hijos no valían ni para tomar por culo, y entonces nos reímos y le dimos la razón. Yo me vine arriba porque es mi rol en mi grupo de amigas, el de venirme arriba, y empecé a imaginar en alto un futuro distópico en el que la poligamia masculina se implantaría casi por la fuerza porque todas empezaríamos a caernos del caballo con lo de los hombres blandengues y como ya apenas quedarían hombres que no fueran blandengues nos veríamos obligadas a compartirlos y nos defenderíamos ante los que nos acusaran de no sé qué apelando a que es nuestra cultura y hay que respetarla, y como los que nos acusaran de no sé qué serían relativistas culturales, pues tendrían que callarse.

Concluimos que no es que ya no quedaran hombres, que eso era muy fácil decirlo, sino que, como decía Renton en *Trainspotting*, «dentro de mil años no habrá ni tíos ni tías, sino solo gilipollas», y ya llevábamos tiempo en ello, en lo de no tener más identidad que la estupidez. Pero decir que ya no quedaban hombres, que estábamos rodeadas de críos de treinta años, era tan fácil como decir que no quedaban mujeres. Eso, de hecho, lo escribió Pérez Reverte en un artículo y lo llamó «Mujeres como las de antes», y la verdad es que hacía un poco de risa y le quisieron mandar a la hoguera por enésima vez por esa prosa con regusto a genuino masaje Floïd que se ha convenido en llamar «cipotuda». Luego escribió otro artículo muy bonito en el que contaba que había visto una chica en la plaza Mayor a la que se le había roto un tacón y ello le daba pie a reflexionar sobre esa virtud tan femenina de sobreponerse a todo sin aspavientos, pero nadie le echó cuenta porque *señoro* y porque *cállate, pavo*, pero ese no es el asunto que hoy nos ocupa.

El caso es que hay una sensación latente y compartida y es la de que ya no queda gente, ya no quedan humanos, quizá concretamente humanos occidentales como los de antes. Por eso se puso de moda durante un tiempo el meme del perro, ese en el que sale en el lado izquierdo un can robusto y fuerte y en el derecho uno despeluchao y pequeño. El primero lleva inscrito algo que se hacía antes, como «humanos en el 500 a. C: la cosecha fue abundante, podremos sobrevivir el invierno», y el segundo, el enclenque, lleva un padecimiento moderno, tipo «ay, Dios mío, qué ansiedad las redes sociales».

Pero, volviendo a los indies, a la par que la burbuja de los festivales explotaba ellos celebraban su languidez y su aspecto de faltarles B12 y se reían de los que podían levantar el equivalente a su peso en press de banca porque «menudos catetos, si parecen del *Mujeres y hombres y viceversa*» y porque lo del *kalos kai agathos* no puede entenderlo todo el mundo, pero sigue operando. El ideal sigue siendo la nobleza y la fuerza de cuerpo y espíritu, y lo sigue siendo porque no puede ser de otra manera. Ni *body positive* ni Dios que lo fundó.

En aquellos años el ideal de belleza femenina era Kate Moss, con sus pómulos de novia cadáver y sus cuencas de los ojos hundidas y su ausencia total de curvilineidad, y lo era en parte porque la industria de la moda y sus cánones estaban dictados en buena medida por hombres blancos homosexuales, esto es, por hombres que no desean a mujeres, sino a hombres, pero como en la etiqueta de marras figura algo que no encaja del todo con el arquetipo del opresor, pues nadie parece recordarlo. O lo que es peor: nadie parece pensarlo.

Después vino la Kardashian, eso es verdad, pero es que después llegaron también los empotradores como reacción a los metrosexuales y a los indies y a los *soja boys*, y este es un fenómeno curioso: la única manera lícita en que a las tías nos podía gustar algo parecido a la caricatura del hombre no blandengue del Fary era como objeto sexual. La testosterona solo era legítimamente deseable en la cama, fuera era siempre sinónimo de problemas («demasiada testo en los puestos de poder», decían, pero cuando lo de Jeanine Áñez a nadie le dio por buscar matices, ni con Lagarde ni con Ana Patri ni con Merkel). Decir en alto lo del desear a un empotrador comportaba incluso un peligro, que era el de ser acusada de estar bajo el influjo de la industria de la pornografía, aunque en la vida hubiera una entrado ni en Beeg ni en Pornhub. De ella o del generador de esa industria: el patriarcado.

Sobre esto también hablamos aquel día tomando café Inés, Sara, Cynthia y yo, y también sobre que la biología y la naturaleza existen (¡anatema!) y se imponen, y sobre que la naturaleza es una cosa fascista y autoritaria y el deseo se construye pero hasta cierto punto y eso es bonito pero sobre todo es lo que hay. Lo hicimos entre risas, porque en esta vida se puede ser de todo menos un coñazo —eso lo decía Michi Panero—, y la realidad se está tornando cada vez más coñazo así que pobre Michi, allá donde esté, y menuda papeleta le tocó a Michi siendo el menor de esa familia.

Ya con la cuenta en la mesa dije la frase de marras, la de «toda mujer ama a un fascista» de Sylvia Plath, que ya había comentado con Cynthia, y dije que Sylvia Plath tenía razón y que todas amábamos a un fascista, y Sara me miró con gesto de desaprobación pero me expliqué y le expuse que, a ver, aquello era una metáfora, que lo que quería decir adaptando libremente las intenciones de doña Plath era que lo de los hombres deconstruidos era una filfa serrana, que nuestros padres no podrían ser jamás llamados hombres deconstruidos, pero que cocinaban y limpiaban y trabajaban y cuidaban más y mejor y tenían las cosas más claras que los niños disgenésicos que salían en el Tinder.

Quería decir, además de que si todo es fascismo —y parece que así es— nada lo es, y que a mí me llevan los demonios porque fascistas fueron los que llevaron a mi bisabuelo primero a la cárcel y luego al exilio y no cuatro neocones en Twitter y en el Congreso y «ellos no serían capaces de hacer algo tan grande», y esto no lo digo yo, lo dijo Pablo Iglesias. Lo que quería decir era que mi padre se había dedicado a cuidar a mi hermano durante dos años declinando trabajar, pero claro, metió en el bote el papelito de que la Ana Mari y él vieran una de Clint Eastwood sin que ella protestara y decía que se duchaba dos días a la semana hiciera falta o no y miraba a las mujeres guapas que cruzaban los pasos de cebra cuando íbamos en el coche y pensaba que no me daba cuenta y ahora eso es fascismo y pecado mortal.

Porque si una lleva una falda o un escote de un tiempo a esta parte lo lleva para sí misma o en nombre del empoderamiento, una de dos, y que no me mire nadie porque machete al machote y madre mía qué fuerte e independiente con mi falda, que era a lo que me reducían antes, a ser dos piernas y poca tela y me quejaba y con razón y ahora como por arte de magia resulta que eso es signo de empoderamiento, pero no puede mirarlo nadie. Nos hemos encerrado tanto en nosotros mismos, nos hemos individuado tanto y hemos hecho tantos esfuerzos por acabar con lo de las dinámicas de poder —y, nos guste o no, la belleza siempre ha implicado y siempre implicará poder— que hemos terminado creyendo que no provocamos ningún efecto, ninguna reacción en el otro y que lo contrario sería inaceptable, aunque las mujeres nos lo hemos creído a medias, como todas las mentiras que nos contamos a nosotras mismas.

Por eso rara vez nos ponemos escote y los labios rojos para estar solas en casa, de la misma forma que el pavo real no desplegaría su cola si no hubiera una pava a la vista, porque gilipollas no es y por lo del ahorro energético, y negar que un escote bonito es enseñado de cuando en cuando para ser visto, solo cuando quiere ser visto, cuando quiere ser mirado, además de ridículo niega parte de nuestro poder como mujeres, un poder que no se reduce a lo bello y a lo sexual pero del que lo bello y lo sexual forman parte y no pasa nada y por eso toda mujer ama a un fascista: porque todo el que mira nuestros escotes lo es, a no ser que sea un trapero en un videoclip, entonces es un trapero al uso, entonces se le permite. Y porque mal que bien y según el nuevo canon, nuestros abuelos lo fueron y nuestros padres lo son. No solo porque se les fueran los ojos con las mujeres bonitas que cruzaban los pasos de cebra cuando pensaban, inocentes, que no nos dábamos cuenta.

El amor

El bebé melocotón

La primera vez que vi a mi hermano Javi, que fue en el hospital y un día después de que naciera, no entendí dos cosas. La primera por qué parecía un melocotón, por qué su piel estaba cubierta casi por completo de pelillos finos, rubios y suaves que le crecían hasta en las orejas. Asustada, se lo pregunté a la Ana Mari, que me explicó riéndose mucho que se le caerían enseguida, que aquello era cosa de bebés, pero recuerdo su explicación como una voz en off porque de la primera vez que vi a Javi solo me acuerdo de nosotros dos, solo estábamos nosotros dos porque cuando la Ana Mari me lo puso en los brazos el mundo se hizo de pronto embudo y en el cuello solo cupimos él, tan pequeño, y yo.

Sé que ella estaba e imagino que mi padre también andaba por allí, porque fue él quien vino a por mí a Ontígola para llevarme al 12 de octubre a conocerlo. Igual había hasta una enfermera y probablemente los tres estarían mirando embobados cómo una niña de nueve años cogía en brazos por vez primera a su hermano, pero les negué la existencia. Les negué la existencia a todos menos a Javi y a mí, en aquel momento y en el recuerdo.

La segunda cosa que no entendí el día que Javi y yo nos conocimos fue cómo era posible que ya le quisiera si era la primera vez que nos veíamos. Eso no se lo pregunté a la Ana Mari y de hecho no lo comprendí hasta casi veinte años después, cuando con veintiocho conocí a Paris y durante meses me negué a mí misma la posibilidad de estar queriéndolo porque cómo iba yo a querer a Paris si apenas nos conocíamos.

Un día crucé el recuerdo de la primera vez que vi a Javi y de cómo de pronto el mundo se encanijó y fuimos solo él y yo y el de la primera vez que mi amigo Gonzalo, tras muchos «tienes que conocer a Paris, os llevaréis bien», me dijo que Paris tenía novia y que encima su novia profesaba una religión extraña y yo me puse celosa sin haberle visto siquiera la cara a ese tal Paris ni haber hablado con él y entendí un poco. Fue una sensación extraña, estábamos en una terraza y le pregunté, simplemente, «ah, ¿pero que tiene novia?».

Lo de que me estaba poniendo celosa de la novia de un desconocido no lo dije, igual que no dije en el 12 de octubre con Javi en brazos que a ver por qué quería yo a ese bebé melocotón si era la primera vez que nos veíamos y si él ni siquiera era consciente de que le quería ni de lo que era el amor. Por no saber no sabía ni de mi existencia ni de la suya, ni que le estaba mirando ni que estaba siendo mirado.

Meses después de la tarde en que mi amigo Gonzalo me contó que Paris tenía novia y yo me puse celosa sin haberle visto siquiera la cara, Paris y yo nos conocimos.

Como imaginaba Gonzalo, nos llevamos bien, porque Gonzalo suele hilar fino con sus predicciones, y me pasé mucho tiempo extrañada y confusa porque cómo iban a haber sido eso celos si ni siquiera nos habíamos visto ni tocado ni oído primero y cómo iba yo a quererlo si no nos conocíamos después.

Una tarde, volviendo del Carrefour con una bolsa de plástico en una mano, porque siempre se me olvida llevar las de tela, y las llaves en la otra, entendí, pensando en Paris, que lo del día que conocí a mi hermano era el amor. Que esa admiración, ese entrever en el otro la verdad o la perfección del mundo, ese no entender mucho y ese no atinar a explicarse por qué uno quiere si «no conoce» era enamorarse: asumir que el amor preexiste. Y que conocer es reconocerse.

Los primeros días que Javi estuvo en casa me los pasé, como las primeras semanas en que conocí a Paris, dudando de su existencia. Le había estado esperando nueve meses, y antes de esos nueve meses nueve años en los cuales hubo incluso un hermano que no llegó a nacer, así que cuando por fin llegó tenía que comprobar una y otra vez que Javi existía, que estaba ahí, que no solo era, sino que era con relación a la Ana Mari y a mi padre, así que también a mí. Que éramos hermanos, que éramos exactamente lo mismo solo que con casi diez años de diferencia; que solo nos separaba el tiempo y ya ni eso porque por fin habitábamos el mismo.

Los fines de semana lo raptaba de la cuna, que estaba en la habitación de la Ana Mari y de mi padre, y me lo bajaba al comedor para ponerlo en el Maxi-Cosi y mirarlo dormir y preguntarme cómo podía una nariz ser tan pequeña y comprobar que sí, que los pelos, incluso los de las orejas, se le iban cayendo. Después le ponía mi meñique en la mano para que lo agarrara y así cerciorarme de que Javi existía, de que Javi era, porque para agarrar un dedo, por muy pequeñas que tenga uno las manos, antes tienen que ser —las manos, manos, y uno, uno—, así que cuando Javi atrapaba mi meñique y lo movía de un lado a otro con sus dedillos hechos un puño yo suspiraba tranquila.

Cuando nadie me veía le pasaba la mano por la cabeza aunque la Ana Mari me había dicho muchas veces que no lo hiciera, que no le tocara la cabeza porque «se le tenía que cerrar y era peligroso». Lo hacía solo para demostrarme a mí misma y para demostrarle a él que podía tocársela sin hacerle daño, lo sutil que podía ser ese movimiento y todo lo que podía y pensaba cuidarle cuando algo no fuera seguro, cuando algo fuera peligroso.

El día que nació Javi dejé de jugar, o dejé de jugar como hasta entonces. Cuando algún adulto me decía que qué suerte había tenido, que ahora era como si tuviera un juguete de carne y hueso, pensaba que menudo necio o me enfadaba, depende del adulto que me dijera aquella tontería. Para mí sacarlo a pasear o contarle un cuento o echarle Mustela y Denenes y peinarlo mientras mis padres trabajaban o darle el biberón o mirarlo durante horas no era jugar: era cuidar. Y es que, de hecho, yo nunca había jugado a los bebés ni había tenido un muñeco ni carritos ni cosas así, porque nunca consideré que la familia o los bebés fueran un juego, así que cómo iba a serlo un hermano, cómo iba a ser Javi un juguete.

Cuando aprendió a hablar, que fue muy pronto, Javi no sabía decir bien mi nombre y me llamaba Aniris, todo junto y comiéndose la *a*. De sí mismo decía a veces que se llamaba «la novia Alicia» en vez de Javi, porque cuando tenía dos o tres años fue la boda de mi primo Hilariete y le impactó mucho ver a una novia, a la novia de mi primo Hilariete, que se llamaba Alicia. Se pasó el baile entero a su lado, mirando hacia arriba con esos ojos tan redondos que tiene y tocándole la falda cuando ella no miraba.

También decía a veces Javi que él de mayor, cuando fuera «chica», y continuaba la frase con algo que pensaba hacer de adulto y entonces yo, aunque no sabía si creía en Dios a pesar de que acababa de hacer la comunión, rezaba. Rezaba porque dejara de querer ser chica cuando fuera mayor o porque al menos fuera fuerte cuando llegara al colegio y viera que no era como los otros niños. No solo por lo de querer ser chica de mayor, sino porque cuando veía a un niño matar hormigas en el parque se acercaba con gesto serio a mi padre y le preguntaba que cómo podía explicarle a ese niño, que se llamaba Borja, que aquello era violencia. O porque una tarde que estábamos llegando a casa, cuando mi padre fue a meter la llave en la cerradura, Javi le preguntó a su espalda si cada día que pasaba era un día más o un día menos.

Yo tenía quince y estaba mirando el móvil, un Nokia 3200 al que se le podían hacer carcasas de papel porque traía un troquelador, pero lo bloqueé en cuando oí aquello, esperando la respuesta. «Depende», le dijo mi padre mientras abría la puerta del piso que se había alquilado justo después de separarse, que era muy oscura y hueca, de madera muy mala, de esas que obligan a los vecinos de los edificios de ladrillo visto a conocerse más de lo que les gustaría. Lo siguiente que dijo mi padre, ya dentro de casa, fue que si queríamos una leche con galletas, supongo que porque no sabía qué añadir a lo de si cada día que pasaba era un día menos o un día más. Supongo también que Javi entendió aquel «depende», porque tampoco preguntó más y porque Javi siempre entendía, siempre entiende.

Al final ocurrieron las dos cosas que pedía cuando rezaba sin saber si creía o no en Dios: que Javi fue fuerte cuando llegó al colegio, que de hecho lo fue tanto como para no darse mucha cuenta de que era distinto al resto de niños, y que con los años resultó que de mayor no quería ser chica. No quería ser chica aunque dijera a veces que se llamaba «la novia Alicia» y se pusiera mis tacones y mis faldas cuando yo no estaba en casa. «¿A qué hora vuelve la Aniris?», le preguntaba a mi padre cuando me iba con mis amigos, para saber qué margen tenía. No quería ser chica de mayor, aunque una vez que se perdió en el Eroski le dijo a la señora que lo encontró y le preguntó qué hacía sin sus padres y que cómo era su nombre que se llamaba Martita, ni aunque le pidiera cocinitas y sets de maquillaje a los Reyes.

Un año mi padre decidió comprarle una moto eléctrica, aunque Javi por supuesto no la había pedido y no aprendió a darle siquiera al pedal que la activaba. Otro le echó una Wii por eso de que tuviera una consola, pero lo único que hizo Javi con ella fue crear avatares y elegir para ellos ropa, complementos y maquillaje. El de Cynthia llevaba los ojos pintados de un azul muy chillón porque Cynthia se maquillaba mucho en el instituto. Javi descubrió quiénes eran los Reyes muy pronto, antes de entrar a primaria. Pocos días después del 6 de enero le dijo a mi padre que se había enterado de la existencia de un duende, el duende azul, al que si le colocabas los juguetes viejos debajo de la cama te traía juguetes nuevos. Mi padre, al que se le había olvidado ponerle un par de cuentos que le había comprado para los Reyes junto al resto de regalos, le respondió entonces que probara a ver si eso era verdad y Javi metió unas construcciones con las que ya no jugaba debajo de la cama y él las cambió por los libros. Cuando mi hermano se dio cuenta del cambio y abrió los paquetes y vio los libros se quedó muy serio y le replicó que el duende azul no existía, que se lo había inventado él, y le preguntó entonces que si los regalos de Reyes también los ponía él y mi padre le tuvo que responder que sí, que él y la Ana Mari. Él y mamá, porque Javi no la llamó nunca Ana Mari, sino mamá.

Javi y la Ana Mari se ríen mucho cuando están juntos porque Javi comprendió que la Ana Mari es como el universo, que se expande, mucho antes que yo. Javi comprendió todo mucho antes que yo aunque llegara al mundo nueve años más tarde. El día que se perdió en el Eroski mi padre llegó en el momento justo en el que la señora estaba llevándolo a las cajas para que anunciaran por megafonía que se había perdido una niña que se llamaba Martita, y cuando lo llamó por su nombre la señora se quedó de piedra, sin saber muy bien a quién creer y cuál de los dos la estaba estafando, si aquel adulto de ojos muy azules o el crío de los rizos que decía que se llamaba Martita pero al que el adulto llamaba Javier. Cuando llegaron a casa y me lo contaron los dos se rieron mucho.

He contado lo de Martita muchas veces y otras tantas lo del duende azul y lo de cuando le preguntó a mi padre si cada día que pasaba era uno más o uno menos. También que con siete años se vio conmigo la filmografía de Buñuel y que ganó una beca de excelencia en su primer año de universidad y en el segundo y seguramente en el tercero también sea así y que es la persona más lista que conozco y que lo mejor es que ni lo sabe ni lo sospecha. E igual también eso es el amor: hablar de alguien siempre que uno puede y pensar cuando se habla de ese alguien que ojalá todo el mundo lo conociera y que qué pena que no todo el mundo lo conozca.

También digo siempre que Javi nunca fue niño, que nació con años ya cotizados porque es verdad, nació viejo. Se pasaba las tardes en el piso de Ontígola, que tenía las bombillas desnudas, sin lámparas, y muy pocos muebles porque las casas que ha tenido mi padre después de separarse de la Ana Mari siempre han sido así, con las bombillas desnudas y muy pocos muebles, y cuando le decíamos si quería ir al parque respondía que sí, pero a los cinco minutos quería subirse otra vez a casa porque no le interesaba demasiado lo que el parque le ofrecía.

Miraba mucho un libro de Velázquez de Fernando Marías que abultaba más que él o dibujaba escenas de mitos a boli o mapas de países que no existían o se inventaba civilizaciones y sus etapas, de su nacimiento a su ocaso, consciente ya de crío de lo que muchos adultos ignoran: que la historia no es una línea, sino un círculo. De tanto mirar el libro aquel de Velázquez, la primera vez que lo llevamos a El Prado, con cinco años, quiso tocar *Las meninas*. Acabó estudiando Historia del arte —qué otra cosa podía estudiar alguien que la primera vez que las ve intenta tocar *Las meninas*— y Marías acabó siendo su profesor.

Cuando Javi fue creciendo yo empecé a pensar de manera recurrente dos cosas, como cuando lo conocí en el hospital. La primera en interrogativo: en qué se convierten los hermanos cuando crecen, cuando dejan de ser niños. La segunda en desiderativo: ojalá Javi pudiera ser yo por un día para verse como lo ven mis ojos. Ojalá pudiera ser yo por un día para comprobar, para saber lo orgullosa que me siento de él. A veces, cuando se viene a mi casa a dormir porque tiene exámenes de la universidad o porque le apetece, le sigo espiando cuando cierra los ojos, aunque ya no quepa en el Maxi-Cosi, y lo sigo haciendo para comprobar que existe, que es.

Otras, cuando me habla sobre los tiranicidas o sobre *La Ilíada*, o cuando se ríe, sobre todo si se ríe de o con la Ana Mari o mi padre, que le enseñaba a veces las contraportadas del *As* y le decía que «a ver si así se curaba», me sigo preguntando cómo se puede admirar así, como se puede querer así. No sin conocer, porque ya hace diecinueve años que nos conocemos, pero sí de esa manera. Sin medida ni condiciones, porque no puede ser de otra manera, y sintiendo cuando estamos juntos que el mundo se achica de pronto, como aquel primer día en el 12 de octubre. Que se estrecha, se hace embudo y entonces solo cabemos él y yo. Él y yo, que somos lo mismo solo que con casi diez años de diferencia.

Tendré que explicarte lo que es un pueblo

A mi amigo Gonzalo, que me enseñó por qué
se tienen los hijos justo antes de tener al suyo, Regio.

Tendré que llevarte al Cerro de la Virgen y tendré que decirte que eso es La Mancha y que te asomes por el costal que te asomes verás cien kilómetros a la redonda como si los hubiera medido. Bajaremos adonde los exvotos y te explicaré lo que es un exvoto y te quedarás un rato en silencio pensando que hay que ver la gente antigua qué cosas tenía, qué cosas tiene, porque sigue habiendo, sigue existiendo la gente antigua y menos mal. Después tendré que contarte que es de esa tierra naranja de donde venimos y tendré que explicarte lo que es un pueblo y te diré como si aquello fuera una teoría irrefutable que el nuestro está atravesado por tres realidades: la ausencia total de relieve, el *Quijote* y el viento.

Entonces seguramente me respondas, porque serás un chico listo, que eso no son tres realidades sino dos realidades y una ficción, y yo te miraré indignada e igual un poco altiva y te diré que a un manchego no se le puede negar la existencia del Ingenioso Hidalgo. Que un manchego no puede dudar de la existencia del Ingenioso

Hidalgo porque, si no, entre otras cosas, años de disputas entre pueblos vecinos y de discusiones de sobremesa sobre a dónde se refería Cervantes cuando hablaba de ese lugar de La Mancha habrían sido en vano.

Te daré mi móvil, te ordenaré que pongas en Google «Campo de Criptana» y que pinches en la segunda entrada, la de la Wikipedia, y «lee en alto, bacín, que eres un bacín». Entonces leerás en alto, igual silabeando un poco porque quizá seas un poco pequeño aún, y cuando llegues a la parte en la que dice «en la localidad se conserva una amplia muestra de los típicos molinos contra los que luchó don Quijote» te miraré desde arriba, porque aún serás más bajito que yo, aunque por poco tiempo, y te preguntaré «qué, ¿existe o no?». Quizá te diga, o no porque es probable que seas aún demasiado niño, que al final en lo que uno cree, sobre todo si ese uno es un pueblo, tiene más realidad que lo que uno ve, porque lo que uno ve es al fin y al cabo siempre cambiante.

Subiendo otra vez a la ermita seré yo quien busque en Google esa parte del capítulo uno que dice: «pero acordándose que el valeroso Amadís, no solo se había contentado con llamarse Amadís a secas, sino que añadió el nombre de su reino y su patria, por hacerla famosa, y se llamó Amadís de Gaula, así quiso, como buen caballero, añadir al suyo el nombre de la suya y llamarse don Quijote de la Mancha, con que a su parecer declaraba muy al vivo su linaje y su patria, y la honraba con tomar el sobrenombre della», y te echaré un monólogo que seguramente te aburra, pero para algo seré tu madre, sobre que ese espíritu tan burlón y tan dado a la autoparodia de nuestro pueblo, de las gentes de la llanura, es culpa de que casi nadie entendió el *Quijote*.

Uno que sí lo hizo fue el joven Ramiro, que por gracia de Ortega se enamoró de su fulgor y su brío y quiso requijotar España, pero sus esfuerzos fueron en vano. Esto seguramente no te lo diré, lo de Ledesma Ramos, no porque seas pequeño ni porque no vaya a ser que te líes, porque serás un chico listo, sino porque te dejaré descubrirlo. No te lo diré a menos que preguntes algún día, mirando la estantería, y lo harás, que qué es ese libro, y seguramente después lo disfrutes y lo entiendas y entiendas también por qué nadie entendió el *Quijote* y por qué a los manchegos nos condenaron a ser la caricatura de España sin reconocernos siquiera como tales porque el título oficial se lo llevaron encima los andaluces.

En la puerta de la ermita igual huele a incienso y te contaré que allí se casaron tus abuelos, que los casó Pepe Luis, el tío cura de la Ana Mari al que le cantaba aquello de «si los curas comieran chirlas del río, no estarían tan gordos los tíos jodíos» de cría. Otro de los tíos de la Ana Mari, José Mari, fue misionero y murió en Nicaragua, eso también te lo contaré, y lo de que en Criptana se rumoreaba en los corretes del fresco que se lo habían comido los negros. Te diré que el abuelo no se quería casar por la iglesia pero qué remedio, que tu bisabuela María Solo creía mucho en Dios, y me volverás a pedir que te cuente qué era eso de las ferias porque seguramente para cuando llegues ya habrán desaparecido del todo y a ver cómo te explico yo ese olor a polvo y a algodón de azúcar y lo que es una palangana y que la primera vez que bañaron a la Ana Mari fue en una porque nació el 12 de julio del 69 y el 14 ya durmió por primera vez en una caseta, en la feria de Manzanares.

Algún día tendré que enseñarte también el cuaderno de poesías de tu bisabuelo Gregorio, que un día entre chatos de vino grabó a su amigo Waldo, el recitador del teatro chino de Manolita Chen, y transcribió después sus poemas. O igual no, seguramente no tenga que enseñártelo porque seguramente lo haga la Ana Mari y te recite algunos de esos versos mientras te baña y los intercale con cantarte «Me quedo contigo» de Los Chunguitos. Cuando la Ana Mari te cuente cosas de la feria y de tu bisabuelo Gregorio y de la María Solo supongo que te parecerá que vienes de un linaje mítico, como de cuento popular. Y es que así es, porque cómo explicar si no la risa de la Ana Mari, su manera de estar en y de mirar al mundo. Cómo explicar si no a la Ana Mari misma.

Como hará mucho aire en el Cerro de la Virgen te diré que menudo airazo y retomaré la explicación de lo que es un pueblo y te diré que la segunda realidad que atraviesa irremediablemente el nuestro es el viento. Te contaré que en Criptana hay doce y que por eso los molinos tienen doce ventanas y que no están dispuestas de manera simétrica, sino adaptadas al origen de cada viento de la zona, y añadiré después que cada cual tiene un nombre pero que yo no me los sé, que tienes que preguntárselos al tío Pablo.

Te hablaré de la noche en que me explicó lo de los vientos. «Estábamos justo aquí, en el Cerro de la Virgen. Había eclipse de Luna y nos vinimos en la C15 la Ana Rosa, el tío Pablo, la prima María y yo. Aunque ya habíamos cenado, nos trajimos gusanitos del Mercadona y unas latas y unas mantas y la Ana Rosa nos volvió a contar la historia de cuando vieron un ovni en la sierra. Luego que te la cuente, aunque igual sueñas», te diré. Me responderás que no, que no vas a soñar, porque además de listo serás un chulito; eso te dirá tu abuelo Javi seguro, que «eres un chulito como tu madre», pero al final soñarás.

Cuando lleguemos al taller de madera de Pablo, que seguirá lleno de flores y oliendo a serrín y en el que igual hay una tortuga o un par de peces de los naranjas en la fuente del fondo y le preguntes por los vientos te los recitará: mediodía, mediodía cruzao, solano bajo, solano fijo, solano alto, ábrego hondo, ábrego fijo, ábrego alto, toledano, cierzo, matacabras —y cuando diga este te reirás— y moriscote. Después seguramente te enseñe lo bien que huele la sabina y te corte un trozo o te regale un sonajero o un matasellos antiguo que tenga por ahí. Al despedirnos del tío Pablo, al cerrar a nuestra espalda la puerta del taller te pediré que me des la mano porque la carretera está muy cerca e iremos al Mirasol a por una botella de agua y te contaré que tu bisabuela María Solo llamaba a ese bar «el Miramuerto» porque está enfrente del cementerio, y entonces me acordaré de *Volver* y retomaré lo de los vientos. «El viento los vuelve locos», dice Penélope Cruz en *Volver*, y fíjate si no hay expresiones relacionadas con el aire y la locura: le ha dado un aire, le dio una ventolera, no sabe ni por dónde le viene el aire...

Seguramente ya estés aburrido o igual no, no lo estarás si te pareces un poco a tu tío Javi, a mi hermano, y ojalá te parezcas un poco a tu tío Javi, y qué sentirá tu tío Javi al cogerte en brazos por vez primera, como hice yo con él. ¿Nacerás tú también recubierto de pelillos rubios y suaves?, ¿serás un niño melocotón? El caso es que seguramente estés ya aburrido u ojalá no, pero te contaré que el aire marca y condiciona los lugares y a sus habitantes porque lleva y trae, pone y dispone sin que nadie pueda evitarlo; porque a diferencia del rayo o la lluvia o el sol puede tocarse pero no se ve y porque vuela, como las brujas.

Cogeremos el Calvario hacia la plaza y sin saber muy bien por qué te contaré que antes se ponían botellas de agua en las esquinas y en las portás para que no mearan los perros y me preguntarás que por qué se hacía eso y no sabré responderte. El día que te hagas un chichón y te cuente para distraerte y que no llores que antes se curaban poniéndose un duro encima y me preguntes qué es un duro y que por qué curaba eso los chichones me ocurrirá lo mismo: sabré responderte a lo primero, a lo de qué eran los duros, pero no a lo segundo.

Ya en la plaza, a los pies de la iglesia, te diré que Carolina, que jugará contigo como jugué yo con ella, se pasó años llamándola *inglesia* y añadiré que las plazas son muy importantes en España porque en España la calle no es solo un lugar de paso. En otros países, tendré que decirte, la gente sale de casa únicamente para ir a otro lugar, pero en España la calle es un fin en sí mismo y por eso nadie se extraña cuando alguien dice «me voy a la calle» y eso ya lo escribió Carandell en *Los españoles* y por eso son importantes las plazas.

Cuando nos asomemos por la calle el Cristo para ir a ver al bisabuelo Vicente, porque como no se va a morir nunca vas a conocer al bisabuelo Vicente y cuando te vea aparecer te dirá «pero hermoso» y si te caes y lloras te dirá que «no seas blando» y si bostezas que «tienes más sueño que una cesta gatejos al lao de una estufa», te revelaré la tercera de las claves de la identidad de nuestro pueblo: la ausencia total de relieve.

Que La Mancha es una alfombra de esparto que no acaba nunca es algo que ya sabrás porque habremos recorrido muchas veces la autovía de los Viñedos y seguramente al pasar por Puerto Lápice te habrás reído del nombre de ese pueblo y cada vez que lo hagas volveré a recordarte que Cynthia también se reía mucho de ese nombre y ojalá Cynthia también tenga hijos y crezcan contigo.

Cuando seas un poco mayor te contaré que una vez que íbamos con ella y con los abuelos en el coche, de vuelta de Criptana a Aranjuez, pasamos por El conejo de la suerte, el puticlub local de Ontígola, y Cynthia dijo que allí se había comprado ella los muebles. Había confundido las luces del lupanar con las de Muebles Pozo, que estaba cerca, y la Ana Mari y el abuelo Javi se rieron mucho, claro, y yo contuve la risa al principio porque se suponía que no tenía que saber qué era ese edificio con tantas luces que no era Muebles Pozo porque era una niña, pero al final me reí también.

Pero eso será otro día, el día que vayamos del Cerro de la Virgen al taller del tío Pablo y del taller del tío Pablo a casa del bisabuelo Vicente hablaremos de otras cosas. Como ya sabrás que La Mancha es un páramo infinito solo tendré que contarte, para explicarte lo que es nuestro pueblo y cómo está condicionado por la ausencia total de relieve, que las montañas han sido y son consideradas, aunque pensemos que ya estamos emancipados de esas

supersticiones, de esas pantomimas, el vínculo entre cielo y tierra. Cuanto más altas, cuanto más imponentes, más sencillo estar en comunión con Dios y ser consciente de su grandeza y de la grandeza de su creación; por eso las alturas fueron y son las únicas moradas dignas para los dioses o los lugares idóneos para tomar conciencia de su existencia. El Olimpo, el Parnaso, el Monte Kailash, el Sinaí, el Pico de Adán, el Uluru Hace falta valor y saber mirar para para percibir la grandeza de Dios en una llanura.

La única hierofanía posible en La Mancha se produce si uno alza la vista y comprende que igual es sobria y austera en el suelo porque robar protagonismo a esos cielos no sería de ley y para comprender eso también hace falta valor y saber mirar, concretamente hacia arriba, más allá de uno mismo. Esto te lo diré llegando a la portá del bisabuelo y seguramente no me vayas escuchando ya, pero dará igual porque te lo repetiré muchas veces a lo largo de tu vida y quizá a esa altura ya nos hayamos cruzado con la Tere la vecina y te haya preguntado que adónde vas tan hermoso y te haya dicho que qué grande estás. Cuando hayamos llegado al 61 te diré que llames por la ventana de la cocina porque seguramente el bisabuelo Vicente esté viendo una corrida y echándose una cabezá que negará incluso ante una pareja de espías rusos estar echándose y llamarás por la ventana.

Cuando le cuentes dónde hemos estado y que has aprendido lo que es un exvoto igual te dice que eso son tontás y que eres un alcahuete e igual eso también tendría que explicártelo, que de la misma forma que los esquimales tienen no sé cuántas formas de decir nieve, en

La Mancha tienen otras tantas de decir alcahuete, todas con su correspondiente matiz: bacín, enredaor, removeor, apercibiote La explicación es la misma que en el caso de los esquimales: cuando una realidad está muy presente en un pueblo hay infinitas maneras de nombrarla porque es posible discernir entre infinitos matices y variaciones.

Nos despediremos entonces del bisabuelo Vicente y no sé si nos dirá eso de «contra antes los vayáis, antes los venís», pero sí sé que saldrá a despedirnos a la puerta y no volverá a entrar hasta que nos haya perdido de vista, y cuando te hagas un poco mayor —porque como no se va a morir nunca, te vas a hacer mayor y él seguirá ahí— comprenderás que lo que hay en su mirada cuando mueve la mano para despedirte se llama serenidad y se llama orgullo. Y que no hay nada más bello que el orgullo que se permiten los humildes, porque es el que emana de las cosas importantes.

Cuando vivía tu bisabuela, *de que* vivía tu bisabuela, como decía ella, también ella lo hacía, claro, también salía a la calle a despedir a las visitas y no se pasaba hasta que las perdía de vista. Tendré que hablarte de tu bisabuela Mari Cruz y de que cuando ella vivía todo el corral estaba lleno de geranios y tu abuelo Javi también te hablará de ella. Seguro que te habla de ella porque cuando discutíamos lo de por qué los obreros no podíamos tener patria, cuando yo era adolescente, me acababa siempre diciendo, en un bonito ejercicio de aberración etimológica, que «su patria era su madre y punto», que me callara ya y que era una cansina. Ojalá algún día digas tú eso de mí, lo de que soy tu patria, aunque no esté de acuerdo contigo.

También te dirá el abuelo Javi: «mira lo que dice mi dedo» y lo moverá delante de tus ojos de izquierda a derecha cuando le pidas que te compre chuches, pero al final te las comprará porque eso es ser abuelo, y seguramente por las noches te acaricie el pelo en el sofá hasta que venga «el tío de la arenilla», eso te dirá cuando te entre sueño, que viene el tío de la arenilla y te la echa sobre los ojos hasta que te pesan tanto que se te cierran.

Probablemente sientas, cuando estés con el abuelo Javi, que nadie en el mundo te va a querer más que él y es que así será: nadie en el mundo te va a querer más que él. Esto no hará falta que te lo diga, lo sabrás, como sabrás muchas otras cosas sin necesidad de que te las explique. Cosas dispares como que hay que preservar la riqueza del castellano y pronunciar palabras como *carpetovetónico* o *fetén* o *alcoba* o *niqui* siempre que uno tenga ocasión, o como que hay quienes pueden elegir muchas cosas, a quienes se les da la capacidad de escoger dónde vivir o qué estudiar o incluso por qué preocuparse o a qué ideología adscribirse y luego estamos los que podemos elegir menos.

Cosas varias como que no hay refrán que no encierre una certeza porque provienen «de la mesma experiencia, madre de las ciencias todas», así que conviene tenerlos más presentes que las grandes teorías de los que escriben desde un despacho; como que la mayoría de cosas no importan demasiado; como que aquello que realmente amas, como escribió Ezra Pound, nunca te será arrebatado porque es tu verdadera esencia; o como que hay que embarrarse porque el barro es materia pobre y por tanto pura. Esto último lo escribió Pasolini y también eso tendré que contártelo, tendré que decirte quiénes fueron Ezra Pound y Pasolini, aunque realmente dará un poco igual si no lo hago porque podrás aprender todo lo que dicen sus películas y sus poemas ayudando al abuelo Javi a podar la parra del taller del tío Pablo.

Qué impresión la primera vez que tenga que llamarle abuelo y la primera vez que te oiga llamarle abuelo. ¿Dejará entonces de ser papá, dejará de ser mi padre? Habrías podido aprenderlo también de tu tío abuelo Hilario si no hubiera muerto antes de nacer tú y eso también tendré que contártelo, quién fue tu tío abuelo Hilario y cómo murió el día que decidió desatascar su baño y mezclar lejía con aguafuerte y cómo estoy segura de que habría dicho «me cago en Dios, menudo tío tonto» si hubiera conocido cómo iba a morir y cómo estoy segura, también, de que te habrían encantado sus historias.

Unos meses antes de que Hilario muriera y de que mi amigo Gonzalo me contara que iba a ser padre de un niño que se llamaría Regio discutí con él porque yo decía que a los hijos se les traía al mundo para quererlos y él me replicaba que no, que quererlos pasaba, que ocurría, claro, pero que no era ese el fin último de traerlos al mundo. Gonzalo tenía razón —hay gente que siempre la tiene, cuando conozcas a Gonzalo o a tu abuelo comprenderás a qué me refiero—, pero igual también me toca contarte que te quería antes de conocerte y que si te quería antes de conocerte era porque sabía que tendría que explicarte todas estas cosas.

Sabía que tendría que hablarte de lo que es un pueblo y de que para el nuestro la calle es un fin en sí mismo y no un medio. Sabría que tendría que llevarte al almendro y decirte que pa ti era la sombra porque lo plantó el bisabuelo Vicente, que no se va a morir nunca, y que aprenderías a andar o a montar en bici con Sergio y con Diego y con Hugo entre fachadas blancas y añil. Sabía que debía enseñarte la foto de tu bisabuelo Gregorio en alguna feria, después de cerrar el puesto, con un gitano a un lado y al otro un Guardia Civil, los tres chato de vino en mano, y explicarte mientras la miras que eso era España y que cabía en su cartera porque siempre la llevaba ahí.

Sabía que tendría que contarte que es de esa llanura parda e infinita de donde vienes, que es ese manto de esparto lo que eres y que eres también nieto de familia postal, bisnieto de campesinos y feriantes, tataranieto de carabinero exiliado y de quincallera; que tuviste un tío cura y otro misionero que también se dejó la vida por sus ideales y que sintieras entonces que eres el heredero de una raza mítica, como de cuento popular. Y es que lo eres y por eso te quería antes de conocerte y por eso te traje al mundo. Por eso y no para quererte, aunque te quiera más que a mí.

La madre

Cuando me muera te me voy a aparecer y la Ana Mari no te va a creer porque la Ana Mari es una incrédula

Mi abuela María Solo se fue sin conocer a mi hermano, que nació cuatro meses después de que ella muriera, y sin saber que la Ana Mari no era una incrédula. A ella y a su marido, mi abuelo Gregorio, les diagnosticaron cáncer el mismo día, a él de pulmón y a ella de cérvix, así que tuvieron que dejar de hacer ferias y mercaíllos y romerías y dedicarse a cuidar el uno del otro con la ayuda de mi tita Vane y de mi tita Arantxa, que eran demasiado jóvenes para vivir aquello —tenían dieciocho y veinte años—, pero a veces la vida se da así de mal. Él murió el 28 de junio de 1999 y ese día ninguno de los Bisuteros cumplíamos años. Ella, el 2 de junio del 2000, y ese día yo cumplía nueve años.

Lo primero que pensé cuando me anunciaron que mi abuelita María Solo se había muerto, tras meses de tratamientos, de hospitales y de morfina (que se daba un chute, decía, cuando pulsaba el botón del gotero), fue que a ver qué iba a hacer yo ahora sin ella si era lo que más quería en el mundo y quien más me quería del mundo.

Lo segundo, que aun así iba a celebrar mi cumpleaños, porque en mi foto favorita con ella salía yo en sus brazos, en mi tercer cumpleaños, mirando fijamente a unas velas que en lo venidero no tendría mucho sentido mirar porque marcarían la fecha de su muerte más que la de mi nacimiento. Por último, me di cuenta de que el momento había llegado: a partir de entonces se me podía aparecer en cualquier sitio, porque no me había dicho ni cuándo ni dónde ni cómo pensaba proceder con lo de la corporeización; se limitaba a anunciarme que cuando se muriera se me iba a aparecer y que la Ana Mari no me iba a creer porque la Ana Mari era una incrédula.

No sé si en ese momento lo era, probablemente sí y mi abuela se llevó esa certeza a la tumba. Pero ocurrió lo que ocurre siempre: rozando la treintena, justo cuando su madre —mi abuela— murió, la Ana Mari se empezó a parecer cada vez más a ella. En la manera en que se movía y en su coraje para afrontarlo todo. En la cantidad de refranes y muletillas por frase y en los aspavientos de las manos. En que si rompemos un espejo murmura «ala, siete años de mala suerte» y en que si derramamos la sal no nos dice cuántos años, pero sí lo del mal fario.

Hace poco la Ana Mari se compró un díptico con un Cristo a un lado y al otro la virgen del Sufragio, patrona de Benidorm, y lo colocó en el salón junto a sus fotos con Nacho, el Halcón, y a las de mi hermano y las mías. Cuando le pregunté que cómo que se había hecho con una estampita de esa virgen me respondió «ea, pues la de Benidorm. Si me lo compré por el Cristo» y vi en ella a mi abuela María Solo y me pregunté si eso contaba o no como aparición y si verán mis hijos en mí a la Ana Mari. Seguramente sí, de algún modo, porque yo ya la intuyo. Nos pasamos la adolescencia y la primera juventud deseando no parecernos a nuestros padres y cuando crecemos, o igual es que crecemos por eso, nos damos cuenta de que casi todo lo que tenemos de bueno no es nuestro, sino suyo. Al menos así me ocurrió a mí con la Ana Mari, y entonces empecé a pensar también si ocurrirá al revés, si pensará la Ana Mari, si pensarán los padres eso de «ojalá mis hijos no se parezcan a mí en esto o en esto otro».

Supongo que mi abuela pensaba que la Ana Mari era una incrédula porque me tenía de mora, porque ya no estaba viva cuando decidí hacer la comunión y tuve que bautizarme y entonces ya no fui mora nunca más. También porque nunca nos acompañaba a las procesiones, íbamos mi abuelita María Solo y yo con la Toñi y con las hijas de la Toñi, con la Rebeca y la Alma y la Noelia, y cuando nació la Coraima también con la Coraima, y mi abuela me explicaba los pasos y la historia de Jesús con la misma devoción con la que me enseñaba el «Cuatro esquinitas tiene mi cama». Luego mi padre me decía que eso eran tonterías, pero ella me recomendaba, cuando se lo chivaba, que no le hiciera caso.

Aunque la Ana Mari no se venía de procesioneo siempre me compraba ropa nueva para Semana Santa, para que mi abuela me llevara de la mano y me comprara gusanitos y pipas y fuéramos al Calvario o al Pozo Hondo, que era donde la Verónica le limpiaba el rostro a Jesús el viernes por la mañana y donde le echaban la saeta desde un balcón y había que ir muy temprano para coger sitio.

Íbamos a todas, incluso a la del Putilla, que era un curandero local que representaba una especie de vía Dolorosa por las calles de Criptana, con su cruz al hombro, sus caídas y sus devotas detrás, sin que nadie le acusara de herejía.

Me pasé muchos años lamentándome por que mi abuela María Solo no hubiera conocido a ninguno de sus nietos nada más que a mí y a David. En su casa, en el marco de la puerta de la despensa, aún están las marcas con las que señalaba nuestra altura y cómo íbamos creciendo. Mi tita Vane y mi tita Arantxa me siguieron midiendo después, cuando mi abuela María Solo murió. Lo último que dijo antes de irse fue «y tú, Arantxa, cuida de la Vanessa», porque el resto de sus hijos, la Ana Mari y mi tito José Mari y mi tita María José ya estaban emparejados y vivían fuera de casa, pero la Arantxa y la Vanessa no. La Arantxa le hizo caso y cuidó de la Vanessa, y la Vanessa y la Arantxa cuidaron a su vez de todos nosotros, de sus sobrinos, como nos cuidaba la María Solo cuando vivía, consintiéndonos todo e incondicionalmente.

Me pasé muchos años lamentándome por que mi abuela María Solo no hubiera conocido ni a mi prima Eva, que nació con su cara y con su piel y su alma transparentes, ni a mi hermano Javi. Me imaginaba a veces sus conversaciones y que si a mí me quería tanto siendo una niña díscola como era, por Javi, que nació santo, que nació viejo, habría sentido devoción. También me pasé muchos años lamentándome por que Javi no la hubiera conocido a ella, por que no supiera cuáles de los gestos de la Ana Mari son en realidad de mi abuela, de nuestra abuela, por que no hubiera podido oír de su voz —que no se me ha olvidado, y eso que las voces de los muertos a veces se olvidan— las historias de su infancia en Castuera, «donde la que no es puta es turronera y nosotras somos turroneras».

Al entierro de mi abuela María Solo me empeñé en ir porque para algo acababa de cumplir nueve años y porque cómo no iba a ir al entierro de mi abuela María Solo. En la iglesia, con la mirada fija en el ataúd y sin atender mucho a lo que decía Pepe Luis, el tío cura de la Ana Mari, que fue quien le dio misa, me entró cagalera, así que la Noelia, una de las hijas de la Toñi, me tuvo que sacar del templo y acompañarme al baño del bar de la plaza. Nos quedamos fuera hasta que salió todo el mundo y metieron la caja en el coche de la funeraria del seguro, que mi abuela pagaba religiosamente y lo llamaba «pagar los muertos». Cuando arrancó, dos mariposas blancas quisieron unirse al cortejo fúnebre, porque en Criptana se va de la iglesia al cementerio andando, salvo si eres mariposa blanca, que vas volando y eso hicieron.

Tampoco sé si cuenta o no como aparición, pero cada vez que veo una me acuerdo de mi abuelita María Solo, y a la Ana Mari también le pasa. Lo que sí cuenta como aparición es lo de los sueños y lo que pasó un día en su casa, que ahora es casa de mi tita Vane y de mi tita Arantxa, porque siguen viviendo allí. La tienen menos ordenada que cuando mi abuela vivía y una noche soñé que la resucitaban, que san Pedro se daba cuenta de que había cometido un error llevándosela al cielo tan joven y nos la devolvía. Mi única alegría entonces era que fuera a conocer a sus nietos, a Eva, que tenía su cara, y a Marina y a Javi. Mi única preocupación: avisar a mis titas para pedirles que ordenaran la casa, que como llegara la María Solo y la viera así, volvía a tocarle el picaporte a san Pedro, que capaz era.

En realidad creo que mi abuela María Solo ya sabe que la casa está más desordenada que cuando ella vivía, porque ella era muy limpia, muy curiosa, y a la gente que no limpiaba la acusaba de ser «un poco oscurilla», y la Ana Mari dice eso también de la gente que no limpia, que es «un poco oscurilla». Y creo que sabe que está desordenada por lo que pasó un día en su casa.

Aterdecía y estábamos en el patio mi tita Vanessa, mi tita Arantxa, mi hermano Javi y yo. Habíamos rescatado los álbumes de la familia y estábamos mirando fotos de nuestros antepasados feriantes y del viaje de novios de mi abuela María Solo con mi abuelo, que consistió en recorrer España, por si no se la tenía ya lo suficientemente recorrida de feria en feria y porque la amaban y por eso querían conocerla más aún. O quizá es porque la conocían bien que la amaban. Comentábamos lo guapa que era, porque mi abuela María Solo era la mujer más guapa del mundo, tenía los pómulos muy marcados y el pelo rubito y porte aristocrático, y acabamos yendo a su habitación y sacando de su armario la bata de encaje largo que se puso sobre el vestido de novia el día de su boda. Me hicieron probármela y me dijeron que cuando me casara la tenía que llevar, pero que era de vuelta. Y yo, que nunca quise casarme, supe entonces que tenía que hacerlo solo por lucir esa bata de encaje y por no darle un disgusto a María Solo, como años atrás, seguramente y sin saberlo, había decidido bautizarme y hacer la comunión por esa misma razón. Porque no había ni hay más verdad que ella, que mi abuelita María Solo, o al menos yo nunca la he conocido.

Al volver al patio, con todas las fotos desparramadas por la mesa, me di cuenta de que ella estaba ahí, con Javi y con mis titas. Al principio me asusté y miré a lo alto, como queriendo verla en la terraza en la que me subía a tender con ella aunque a ella no le gustaba por si me caía, y cuando tuve que pasar al baño lo hice corriendo y cuando volví a la mesa y sonó algo a mi espalda me sobresalté mucho y mi tita Arantxa me preguntó que qué me pasaba y le respondí que es que había pasado un insecto, pero no era verdad. La verdad era que me había dado cuenta de que allí estaba la María Solo y me había puesto nerviosa y estuve nerviosa hasta que me acordé de la segunda parte de lo que me había dicho antes de irse: «cuando me muera te me voy a aparecer y la Ana Mari no te va a creer porque la Ana Mari es una incrédula, pero no tienes que tener miedo porque soy yo, no te voy a hacer nada».

La María Solo estaba ahí y conocía a Javi, cómo no iba a conocerlo, si había estado en ella antes que en el mundo, si era de ella de donde salió la Ana Mari, que a su vez es de donde salimos Javi y yo. Cómo no iba a estarlo, si estábamos hablando de sus pómulos y de sus dichos y de cómo ser mujer no podía ser otra cosa que ser mi abuela María Solo, que mataba serpientes de niña en Castuera y que era la única persona en el mundo que me peinaba sin darme tirones. La María Solo estaba ahí porque su nieta Eva tenía su cara y su piel y su alma casi transparentes y esa fue una de las cosas que comentamos y a eso se refería, claro que se refería a eso cuando me anunciaba que se me iba a aparecer, aunque errara en lo de que la Ana Mari no iba a creerme. Porque resultó, abuelita María Solo, que la Ana Mari al final no era incrédula.

Y por qué nadie le ha puesto las gafas a la abuela

Dos meses después de que muriera mi tío Hilario, el 13 de septiembre de 2019, murió mi abuela Mari Cruz. En la esquela que la funeraria colocó en la puerta de su casa no lo ponía pero murió de pena, y al ver el folio pegado con celo y su nombre ahí me di cuenta de que nunca había visto una esquela en Madrid. Cuando se lo dije a mi padre me respondió que claro que no había visto nunca una esquela en Madrid, que cómo iba a ver esquelas en las zonas que transitaba yo de Madrid si no había vecinos, sino inquilinos, que para qué iba a haber esquelas si no había una comunidad a la que informar de que en lo sucesivo tendría un miembro menos.

Si hubiera esquelas en Madrid, pensé, y así se lo hice saber a mi padre, si siguiera habiendo esquelas en Madrid, porque supongo que un día las hubo, no las llamarían *esquelas*. Las llamarían «paneles informativos de decesos destinados a fomentar los cuidados comunitarios», en ese empeño nuestro por desnaturalizar todo a fuerza de explicitar todo. Una vez vi una iniciativa de una asociación feminista que consistía en salirse al fresco después de cenar, como hacía mi abuela con mi tía Ana Rosa y la Tere y la otra Tere, la de más arriba, y la Manoli y la Conchi y la Ele entre mayo y septiembre. A este fenómeno lo denominaban «tejer redes de cuidados femeninos». Me imaginé entonces explicándole a mi abuela y a mi tía Ana Rosa y a la Tere y a la otra Tere y a la Manoli y a la Conchi y a la Ele que lo que llevaban haciendo toda su vida porque vieron cómo lo hacían sus madres y sus abuelas era «tejer redes de cuidados femeninos» y me reí. Con ellas, encima, a veces se salía José, el marido de la Tere, así que aquello no era siquiera un espacio no mixto y eso también tendría que explicárselo y entonces serían ellas las que se reirían. Ellas y probablemente también José.

Todo esto, lo de las esquelas y las redes de cuidados como sinónimo contemporáneo del corre del fresco, fue de camino al Giba, uno de los bares del polígono en el que está el tanatorio de Criptana, al que me escapé con padre en un momento del velatorio. En cuanto cruzamos la puerta y se encendió un cigarro, me cogió el hombro y me dijo que me había quedado sin abuelas, por si no me había dado cuenta. Me acordé entonces de que el día que cumplí veintidós, también por si no me había dado cuenta y también cogiéndome del hombro, me informó de que esa era la edad que tenía mi madre cuando nací yo. Y de que eso era el tiempo.

Al del Giba le pidió un tercio para él y un Cola Cao para mí y nos salimos fuera para echárnoslos, pero antes de acabarme el Cola Cao mi padre me empezó a meter prisa con que volviéramos porque mi padre siempre me mete prisa, mi padre vive con prisa y anda con prisa aunque no vaya a ninguna parte y aunque no llegue tarde a ningún lado; a paso cartero, así lo llama él, y me condena a mí a ir siempre por detrás y corriendillo. Ese día teníamos menos prisa que nunca, además, porque yo y mis diecisiete primos nos habíamos quedado sin abuela, así que no había mucho sitio al que ir.

A los pocos metros de la puerta del Giba mi padre interrumpió su paso cartero, se paró en seco y me dijo «mira» con la vista puesta en el suelo. Entonces le dio un golpecito a una planta con el pie y uno de sus capullos explotó. Después lo hizo con otro y luego con otro y me dijo que lo hiciera yo y que se llamaban «meloncetes». En esas nos empezó a caer una nube y nos refugiamos en un garaje de camiones con permiso del camionero, pero antes de que escampara tuvo que echar el cierre y que echarnos como consecuencia a nosotros, así que llegamos al tanatorio empapados. Al entrar, con el pelo pegado a la cara y las deportivas chorreando, me fijé en que ahí también estaba la esquela y en que en la esquela figuraba Hilario, que había muerto dos meses atrás.

Hilario era el cuarto hijo al que mi abuela Mari Cruz había sobrevivido. Dos se le murieron de críos, de meningitis, que era de lo que morían los niños antes, y otro, mi tío Pedro, murió ya de mayor, en un accidente de moto. Pedro había sido el único de mis tíos que había llegado a la universidad. Así lo oía decir siempre, «llegar a la universidad», como si la universidad fuera la Luna, y es que durante mucho tiempo, para los que son como nosotros, lo fue.

«El hijo del obrero a la universidad». Se pasaron años gritando eso en manifestaciones. Luego el hijo del obrero llegó a la universidad y primero se sintió extraño porque algunos de sus compañeros supieran quiénes eran Foucault o Lasswell de oídas, de verlo en la biblioteca de sus padres o de oírselo decir cenando con amigos, y después porque la mayoría no tuvieran que trabajar mientras estudiaban y pudieran dedicarse a la militancia política y estudiantil o a la vida crápula, si es que no son una y la misma cosa. Más tarde, el hijo del obrero comprobó también cómo había quien salía colocado y quien no, y empezó a pensar que el hijo del obrero —o sea, él— llegara a la universidad estaba bien, eso era innegable, pero que no era ni un fin en sí mismo, o no al menos tal como estaba planteada la universidad, ni el prometido pasaporte para subirse a eso que convinieron en llamar el ascensor social, que debió ser de los mismos creadores que lo del progreso.

De Pedro, que estudió para maestro y que, si se parecía a mi padre o a Hilario un poco habría sido un buen maestro pero murió antes de ejercer, había una foto en el comedor de mi abuela, como de cada uno de mis tíos y primos. Nos tenía ahí a todos, a sus ocho hijos con sus consiguientes nueras y yernos y a sus dieciocho nietos enmarcados en las estanterías de encima de la tele: a unos haciendo la mili, a otros en alguna orla, en una boda o de críos. Las de los bisnietos las había ido poniendo en la mesa camilla, entre el faldón y el cristal, igual porque se había quedado ya sin hueco en las estanterías.

Cuando mi abuela le quitaba el polvo a las fotos, que era cada semana, y llegaba a la de Pedro, se quedaba mirándola y se le ponía la cara triste. Esto lo sé porque me lo contó mi prima María, que siempre vivió con ella y que la ayudaba a veces a limpiar el comedor, pero no porque mi abuela me lo dijera, porque de hecho no la oí nunca pronunciar su nombre. A mi abuelo tampoco, y a mi padre pocas veces y con la voz temblorosa.

Entre el día que murió su hijo Pedro, en 1990, y el que murió su hijo Hilario, en 2019, mi abuela no pisó el cementerio. Cuando llegaba el 31 de octubre y había que limpiar el sitio eran mis tías, la Ana Rosa y la Mari, las encargadas de ir con el cubo y el nanas a adecentarlo. La siguiente vez que lo visitó, dos meses después, ya fue para quedarse.

La caja le estaba grande porque mi abuela Mari Cruz era muy pequeña y se había ido haciendo más pequeña aún con los años. Cuando iba al pueblo y me abría la puerta y la abrazaba mientras me decía hermosona y me daba besos sentía que se hacía más y más pequeña cada vez, y no quería darle muchas vueltas pero a veces pensaba que de tanto menguar un día desaparecería y así fue. También pensaba, cuando iba al pueblo y me abría la puerta y la abrazaba mientras me decía hermosona y me daba besos, en que aquello que escribió León Bloy, lo de que la única tragedia en esta vida es no ser santo, era verdad. Y en que mi única tragedia, en que la única tragedia de toda persona que conocía era, por tanto, no ser mi abuela Mari Cruz.

Lo de que la caja le estaba grande me lo dijo mi prima Marta en el tanatorio cuando me pidió que la acompañara a ver a la abuela por el ventanuco de la habitación refrigerada en la que exponen a los muertos. Estábamos dadas de la mano como cuando éramos niñas, como cuando ella tenía ocho y yo seis y sentía que tenía que cuidarme en su casa de campo porque yo no entendía ni del campo ni de la vida, de lo primero porque iba al colegio en Madrid, de lo segundo porque tenía dos años menos que ella. Estábamos dadas de la mano como cuando éramos niñas, solo que teniendo yo veintiocho y ella treinta y sintiendo un poco que ahora era yo quien tenía que cuidarla porque no paraba de llorar y porque no quería ir sola a mirar por el ventanuco pero sí quería ver a mi abuela, a nuestra abuela, así que me pidió que la acompañara.

En cuantito que descorrimos la cortina, Marta dijo «pero qué pena, si le sobra media caja» y se puso a llorar más todavía. Apoyó su cabeza en mi hombro y cuando recuperó un poco el aliento y alzó la cabeza y volvió a mirar se dio cuenta de que la abuela no llevaba las gafas y me dijo que por qué nadie le había puesto las gafas a la abuela, que adonde fuera no iba a ver. Se le había olvidado que éramos ateos de los nervios y de la pena, eso pensé entonces, pero como me lo dijo tan seria tuve que responderle que no se preocupara, que íbamos a ir a por las gafas y se las íbamos a poner y eso hicimos y creo que hicimos bien.

A mi abuela también me tocó escribirle un texto, porque tampoco le dimos misa. Me pasé varias horas haciendo pucheros delante del papel porque Hilario era historias y chascarrillos y coplillas, Hilario era hacia afuera pero mi abuela era hacia adentro, era silencio y quietud, dulzura y abnegación; mi abuela era entrega y discreción y a todas esas cosas es muy difícil escribirles porque es muy difícil acotarlas, todo lo envuelven y abarcan, todo lo arrullan y el todo no se puede ni ver ni escribir. Mi primo Ernesto, que es de los mayores, me dijo aquel día

que nunca la había oído gritar, ni siquiera cuando le rompíamos las macetas de los geranios jugando al fútbol en el corral, y eso lo puse en el texto. Mi primo Diego, que tiene once años y es de los pequeños, que le daba chucherías y chocolatinas y que era muy buena, y eso también lo puse. Yo siempre la recordaré cachondeándose de todo lo que voceaba mi abuelo y riéndose después, contándome de los años en los que se quedó al cargo de ocho críos y una borrica porque él se fue a Alemania a trabajar, en los sesenta, y haciéndolo sin victimizarse ni engrandecer su gesta, casi con pudor, casi con vergüenza de reconocerse tan fuerte y tan capaz en sus propios recuerdos, pero eso no lo puse. Tampoco puse que se fue tal como vivió, sin dar un ruido. Ni que lo hizo rodeada de amor porque fue a lo que dedicó su vida, a hacer y cuidar hijos que después harían y cuidarían nietos que a su vez harían y cuidarían, aunque cada vez menos, bisnietos.

A mi hermano le volvió a tocar leer en el cementerio. Como tampoco le dimos misa tuvimos que volver a inventarnos un ritual, y eso que a mi abuela jamás la oí cagarse en Dios ni en todos los santos en hilera ni en la virgen puta ni en Cristo a caballo, sino todo lo contrario: cuando mi abuelo lo hacía, le reprendía y decía «pero chico» o «te paece que este hombre» y negaba con la cabeza.

La noche antes del entierro, cuando el sol fue cayendo en el polígono donde está el tanatorio de Criptana y se fueron yendo las visitas, mi padre se empeñó en que él se iba a quedar a velarla. Mis tíos intentaron convencerlo de que no lo hiciera, de que se fuera a casa y descansara, pero se puso terco. Empecé a intuir entonces que le estaba pasando lo que a Marta: se había olvidado de que éramos ateos de la pena y de los nervios. No se acordaba ya de lo de que «cuando te mueres no vas al cielo con los angelitos, sino que dejas de existir. Te entierran y te comen los gusanos, que después son comidos por pájaros que después se comen otras aves como el buitre». Todavía estábamos húmedos de la nube que nos había caído por la tarde volviendo del Giba y pensé en que lo de los gusanos y el buitre también era creer en algo. Lunacharski y Gorky empezaron a pensar que era necesario organizar una nueva «construcción de Dios» porque el paganismo había reemergido en aquellas áreas en las que la iglesia católica había sido eliminada por los bolcheviques, o eso me dijo Paris un día.

Cuando nos quedamos solos le pedimos a la bedel del tanatorio que bajara el aire porque hacía frío y él se tumbó en el sofá que había más cerca de la sala refrigerada en la que yacía el cuerpo de mi abuela y yo caí primero en que los tanatorios tenían bedeles y en que menuda papeleta ser bedel en un tanatorio, en que nadie piensa en esos oficios porque nadie quiere pensar en la muerte, y después pensé en por qué estaba haciendo aquello mi padre.

Cuando mi abuelo emigró a Alemania mi padre era un crío y como era muy madrero empezó a dormir con mi abuela, aunque no era el menor de los ocho hermanos. La inclinación a la épica ya se le intuía entonces porque cuando dormía con mi abuela, cuando ocupaba el hueco que mi abuelo había dejado en la cama para irse a ganar el pan, soñaba que cuando su padre volviera lo haría a lomos de un caballo blanco y así se lo decía a sus compañeros del colegio. Cuando mi abuelo venía de Alemania, donde se pasó cinco años, no solo no traía un caballo blanco, sino que además le echaba de la cama y él no podía dormir con su madre. Y aquella era la última noche que pasaba con ella.

Aquella era su última noche con mi abuela y me di cuenta entonces de algo evidente pero que llevaba todo el día pasando por alto y es que yo me había quedado sin abuelas ese día, pero él se había quedado sin madre. Solemos pensar a nuestros padres solo en relación con nosotros, rara vez reparamos en que son maridos de nuestras madres, hijos de nuestros abuelos, hermanos de nuestros tíos e igual hacerse adulto es darse cuenta de que no son solo en relación con nosotros. De que no son solo padres, *nuestros* padres.

Antes de echarme a acostar lo miré tumbado boca arriba en el sofá, con una pierna estirada y la otra en el suelo y un brazo apoyado sobre esos ojos azules de los que tan orgullosa se sentía mi abuela, porque los Simones que tienen los ojos azules —que son mi tía Ana Rosa, mi padre, mi primo Pablo y una de mis primas más pequeñas, Olivia— son más Simones aún. Después me hice un ovillo y me acordé de mi abuela María Solo, que era lo contrario a esta, era lo contrario a Mari Cruz, tan devota y tan echá palante, con ese genio y esa manía suya de no callarse nada. Mi abuela Mari Cruz jamás se me aparecería solo por no buscarme un problema, solo por si me fuera a asustar y porque mi padre sí que era un incrédulo o al menos eso pensaba yo hasta ese día, hasta el día en que murió su madre y se empeñó en velarla y me di cuenta que era por volver a soñar, por soñar por última vez con el caballo blanco.

En todo caso, por si se me tenía que aparecer, menos mal que Marta se había dado cuenta de lo de las gafas y menos mal que mi abuela se había pasado más de sesenta años, los que llevaba casada con mi abuelo, diciendo «te paece que este hombre» cada vez que él se cagaba en Dios. Algunas noches después de aquella, que me la pasé entera mirando de reojo a mi padre dar vueltas en ese sofá de polipiel, me enteré de que Koko, la gorila a la que le enseñaron lenguaje de signos, había tenido un gatito, y cuando el gatito murió porque lo atropelló un coche y le preguntaron a Koko qué le había pasado, Koko lloró y respondió que se había quedado ciego. Y creo que ese era el miedo de mi prima Marta, la pena de mi prima Marta al comprobar que nadie le había puesto las gafas: que mi abuela no volviera a ver nunca más. No era la perspectiva de no volverla a ver lo que le dolía, eso podía tolerarse, eso es la muerte para los que se quedan vivos: era que ella no nos pudiera volver a ver. Ni a nosotras ni a los nietos que le daríamos en su ausencia.

También algunas noches después de aquella, de la noche en la que me di cuenta de que mi padre tenía madre y se acababa de morir, le dije a mi prima María, la que siempre vivió con mi abuela Mari Cruz, la que le ayudaba a quitar el polvo a las fotos, que de hecho heredó su nombre y su quietud y su mano para las flores, que siempre sospeché que la abuela creía de alguna forma en Dios, que un Viernes Santo que llevaba unos pantalones rotos me mandó a cambiar porque estaba muerto el Señor, pero que nunca se lo pregunté.

María me respondió que ella sí lo hizo. Y que si quería saber la respuesta.

La historia del gigante

DEL BUEN SUCESO QUE ACAECIÓ CUANDO EL MOLINO SARDINERO VOLVIÓ A TOMAR FORMA DE GIGANTE PORQUE SE AVECINABA GUERRA Y DEJÓ ATRÁS EL OTERO EN EL QUE SE ENFRENTÓ A QUIJOTE EN CAMPO DE CRIPTANA PARA VER SI ERAN CIERTOS LOS RUMORES QUE APUNTABAN QUE HABÍA OTROS CUATRO DE SU LINAJE EN LA VILLA VECINA DE ALCÁZAR DE SAN JUAN

Por Ana Iris Simón y Javier Simón

«—*¡Válame Dios!* —*dijo Sancho*—. *¿No le dije yo a vuestra merced que mirase bien lo que hacía, que no eran sino molinos de viento, y no lo podía ignorar sino quien llevase otros tales en la cabeza?*

—*Calla, amigo Sancho* —*respondió don Quijote*—, *que las cosas de la guerra más que otras están sujetas a continua mudanza; cuanto más, que yo pienso, y es así verdad, que aquel sabio Frestón que me robó el aposento y los libros ha vuelto estos gigantes en molinos, por quitarme la gloria de su vencimiento: tal es la enemistad que me tiene; mas al cabo al cabo han de poder poco sus malas artes contra la bondad de mi espada».*

Don Quijote de La Mancha, capítulo VIII

No era mi intención asustarla, de verdad que no pretendía hacerle mal a nadie, mucho menos a alguien capaz de reconocerme y que no pensara simplemente que menudo tío grandón. Buscaba el mal menor, que como mucho me viera un crío con la bici o el tonto del pueblo, para no levantar sospecha. Elegí por ello la segunda hora más sagrada del día, solo por detrás de la siesta: la del almuerzo. Y escogí por ello el mes sagrado, en el que todo empieza y acaba: el de la vendimia. Llevaba décadas planeándolo. Una mañana, y sin decirle nada a nadie, cuando el embrujo lanzado por el sabio Frestón me lo permitiera y Juan el molinero no estuviera cerca, echaría a andar desde la sierra hasta la villa vecina, que tiene por nombre Alcázar de San Juan, para comprobar si era cierto eso que decían, y eso que decían es que se encontraban allí otros cuatro como nosotros.

Y os juro que no quería perturbar a nadie, mucho menos al primer adulto que, tras siglos, me sabía reconocer, pero al coger la fuente del Moco abajo, despacito y sin montar escándalo, la he visto ahí sentaíca en su cocina, con un ojo puesto en la tele y otro en la calle, el visillo a medio abrir. De que me ha visto ella a mí se ha asustado un poco, pero en seguida se ha tornado su mirada serena y verde otra vez. Por el movimiento de sus labios creo que ha murmurado: «te paece que, si al final era verdad», y con las mismas ha echado el visillo.

Me he asustado yo más que ella, porque tras don Alonso apenas nadie me había sabido ver como lo que soy, ni a mí ni a ninguno de los míos, salvo un puñado de críos y un carlista adolescente una vez, pero nadie le tomó en serio. Pocos tomaron en serio a los carlistas, realmente. Si no que le pregunten a Valle, que como Alonso y como la señora del visillo seguramente habría sabido reconocerme.

En esto andaba pensando yo calle el Cristo abajo aún asustado —porque uno es gigante pero no de piedra, o no siempre—, cuando he dado un traspiés. La calle ha retumbado, pero no más que cuando pasa un tractor camino de la cooperativa, que en vendimia son muchos, así que nadie me ha echado cuenta.

Pasito a pasito he llegado a la carretera, con la pierna un poco dolorida del trompazo y no sin cierta nostalgia por abandonar, aunque sea por unos días, los que dure mi periplo y mi forma encarnada, ese otero que ha sido mi casa durante tanto tiempo. Pero la alegría es grande: por fin voy a comprobar si es cierto o no el rumor de los cuatro compañeros. Hay otro runrún que llega a veces, cuando sopla el moriscote, que dice que hay nuevos pobladores de nuestra estirpe. Que ahora son más delgaduchos y andan por aquí y por allá, que los llaman «energías limpias». Pero eso lo dejaré para otra ocasión.

Camino sigiloso para no ser visto, pero no tengo miedo. Planeo volver muy pronto a ese monte desde el que he visto a hombres llorar como niños por perder un imperio y he presenciado, aspas al aire y gritando vivan las caenas, cómo le plantábamos cara a los franceses. Regresaré a esa loma desde la cual he visto cómo los cereales que alimentaban la tradición se convertían en vides que enturbiaban la modernidad, pero antes debo buscar a los nuestros y contarles que nadie creyó la verdad y la verdad era que fue Frestón quien nos volvió molinos para, efectivamente, quitarle a don Alonso la gloria de nuestro vencimiento.

Que Quijote tenía razón, claro: las cosas de la guerra, más que otras, están sujetas a continua mudanza. Por eso cuando se intuye alguna, Frestón nos da la oportunidad de volver a nuestro ser por unas horas. Esa fue su maldición por haber flaqueado ante Quijote, por haber perdido la batalla: convertirnos en molinos durante las temporadas de paz, pudiendo volver a tomar forma de gigantes únicamente cuando se avecinara guerra y solo durante unas horas: las pocas que resistimos ante don Alonso en aquella batalla.

Por eso tengo que ser veloz o mis brazos se tornarán de nuevo aspas y sin ser yo tan bello como Dafne a nadie le agradará esa estampa. Camino tranquilo y con la vista al frente cuando, desde abajo, desde muy abajo, un hombrecillo de mirada prístina y azul me pregunta que si estoy bien. Tengo que agacharme un poco para oírle y veo entonces un letrero tras él que reza «ALCÁZAR DE SAN JUAN — ADIF». Me dice que tengo sangre, que voy dejando un reguero, y me invita a acomodarme en un banco, pero yo solo pienso en que por fin he llegado.

Me siento con cuidado, hacía siglos que no lo hacía. El hombrecete está confuso: mira a los chorretones de sangre y luego a mí, a los chorretones de sangre y luego a mí. «A este se le ha ido el oremus. ¿Cómo no se ha dado cuenta de que iba perdiendo tantísima sangre?», infiero que estará pensando para sus adentros. «Para un molino de mis dimensiones —respondo yo hacia los míos— es difícil mirarse las aspas inferiores desde los ventanucos». Pero eso él no lo sabe. ¿O acaso sospecha algo? ¿Se imaginará quién o, mejor dicho, qué soy? Quizá por eso siga girando la cabeza para mirarme, nervioso, mientras avanza calle abajo.

Al instante se van formando corrillos de viandantes que detienen su marcha para fijarse en los charcos de sangre que he ido dejando aquí y allá o para preguntar qué ha pasado. En definitiva, para alcahuetear. Mi intención de pasar lo más desapercibido posible se ha visto truncada, porque si algo permanece inmutable desde la última vez que tomé forma humana, me digo, es la inclinación al chisme y el chismorreo de los manchegos.

Les miro con desdén pero después sonrío, justo antes de que me sobrevenga la gran preocupación. Algo que pocos humanos saben acerca de nosotros, los gigantes-molinos, dado que pocos han aceptado nuestra doble naturaleza, desdeñando la mayoría nuestra condición de gigantes y, por lo tanto, las particularidades asociadas a ella, es que nuestra forma humana y nuestra manifestación arquitectónica están indisolublemente ligadas, afectando cualquier cambio en la una al aspecto de la otra. Esto es: si se producen daños notables en alguna de las dos formas, dichos perjuicios deben ser reparados antes de metamorfosearnos en la otra o serán ya inmutables.

Cuando un molino se deteriora, al estar en su forma habitual y sin expectativas de transformarse en gigante, sus imperfecciones pueden ser arregladas detenidamente. Pero si es el gigante el que recibe la lesión, a menos que se cure antes de su reconversión a molino, el hundimiento de este será inevitable, por bueno que sea el molinero que trate de reparar sus engranajes internos, quitar las astillas de sus aspas o encalar sus paredes después. Así le ocurrió al desdichado Carcoma, contra el que el Ingenioso Hidalgo, a lomos de Rocinante, cargó con su lanza. El sabio Frestón, en su afán de perjudicar a don Alonso, se apresuró entonces en transformarnos rápidamente en molinos, convirtiendo nuestra carne en mampostería y nuestra piel en cal, pero su premura no fue suficiente para evitar que la lanza rasgase la piel del pobre Carcoma. Así, Carcoma, con su herida abierta en el torso, acabó feneciendo una vez tornó molino, cayéndose sillar a sillar, mimetizándose con la tierra rojiza donde previamente se había erigido firme. A su cadáver le dieron el nombre de Molino Hundío.

Es esa y no otra la preocupación que ronda mi cabeza mientras sigo sentado en el banco y los grupetes de bacines se arremolinan a mi alrededor. No quiero que me ocurra lo mismo que a Carcoma. También los gigantes, con nuestras dimensiones ciclópeas y siendo invulnerables a los gélidos vientos y al abrasador sol de la llanura, le tenemos miedo de la muerte. ¿Y si de pronto mi nariz se transforma de nuevo en palo de gobierno, alargándose y haciéndose de madera maciza? ¿Mutará de un momento a otro mi cerebro en rueda Catalina? ¿Es mi destino convertirme en un nuevo Molino Hundío, adyacente a una estación de ferrocarril, fuera de lugar y lejos de los suyos? Al menos, me consuelo, de ser así, los incrédulos se convencerían a la fuerza de que don Quijote era, a fin de cuentas, el único sensato.

Y es que, aun no habiendo sido Quijano santo de su devoción, algo que el sabio Frestón me lleva repitiendo incansablemente en los últimos tiempos, es que cada vez hay menos Quijotes. «La Mancha está llena de Sanchos, Sardinero. El mundo está lleno de Sanchos. Todos creen ser los más cuerdos, los más sensatos, los que más en sus cabales están. Lo que no saben es que, en su persecución del número, de lo conmesurable, de lo tangible, están cometiendo la insensatez de dejar de lado la obcecación, lo invisible y la intuición». No me lo había confirmado, pero sospecho que esa era la batalla por la que Frestón me había dejado tornar de nuevo gigante: la del sentido.

En esas llega un gran carro amarillo. Según me cuentan mientras me montan en él, no con poco esfuerzo teniendo en cuenta mi magnitud, me van a llevar a que un boticario o un cirujano me cure la herida. La más acuciante de mis preocupaciones se disipa. No será hoy el día en que acabe, como Carcoma, hundiéndome.

La otra de mis inquietudes, sin embargo, sigue latente y no me permite relajarme ni siquiera cuando me tumban en una especie de mesa con ruedas de la que se me escapa medio cuerpo. No podré hablar con los gigantes de Alcázar. Fracasaré en mi misión. Levanto la cabeza y veo reaparecer al hombrecillo que me había avisado de la herida, el de la mirada prístina. Había vuelto sobre sus pasos antes de que me echaran al carro para conducirme al boticario.

Su mirada es igual de azul que antes e igual de vacilante. En ella intuyo la edad de quien empieza a descubrir la verdad —la verdadera, la de don Alonso— pero tiene miedo aún de adentrarse en ella. Sus ojos me llevan a los de la anciana de la ventana, que eran verdes, casi grises, a su «te paece qué, si al final era verdad» y a la serenidad y a la quietud de quien sabe que ha encontrado, por fin, la verdad —la verdadera, la de don Alonso— y no le asusta en absoluto conocerla.

Cuando cierran las puertas del carro amarillo sé que no importa si tienen que pasar otros cuatro siglos hasta que conozca finalmente a esos cuatro que, dicen, son de mi estirpe en la villa vecina de Alcázar de San Juan. El sabio Frestón estaba en lo cierto, quedan ya pocos Quijotes, pero es que realmente nunca hubo muchos y he aquí la contrariedad. Pero mientras la llama de su espíritu siga presente, y he visto el crepitar en sus miradas, iremos ganando la batalla.

Otros títulos

circulodetiza.es

Este libro se terminó de imprimir el 15 de octubre de 2020. En este día, mi abuelo Vicente comió habichuelas y, como cada día desde que se fue, se acordó muchas veces de su María. La Ana Mari fue a yoga y a Carolina se le cayó su primer diente.

Tal día como hoy de 1582 fue enterrada Santa Teresa de Jesús un día después de morir, el 4 de octubre de ese mismo año. Los diez días transcurridos entre el 4 y el 15 de octubre no existieron porque el papa Gregorio XIII llevó a cabo una reforma del calendario.
Y porque la realidad es hermosa.

Si quieres conocer otros libros editados por
Círculo de Tiza
visítanos en

www.circulodetiza.com

y síguenos en

 /circulodetiza

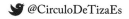 @CirculoDeTizaEs

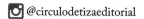 @circulodetizaeditorial